35年で5000人を幸せにしてきた
お坊さんが伝える

仏さまに愛され、幸せに生きる35の習慣

松永慈弘 著

セルバ出版

はじめに

あなたは今、幸せですか？

ご相談にいらっしゃる方に尋ねると、多くの方が、「自分は幸せではありません」とおっしゃいます。

今、本書をお読みいただいているあなたは、いかがでしょうか。

・夫婦関係
・親子関係
・兄弟関係
・子どもの問題
・お金の問題
・介護の問題
・病気の問題
・子宝に恵まれない
・家族がいない
・恋人ができない
・結婚できない
・仕事がうまくいかない
・職場の人間関係がうまくいかない
・恋人とうまくいかない

この世には悩みがあふれております。「人生はうまくいかない」「どうせ私は幸せにはなれない」とお考えの方も多いと思います。ですが、そんなことはありません。人生を思い通りにする方法、人生をうまくいかせる方法は存在します。

現代の駆け込み寺

私は埼玉県のお寺「実相寺」で、僧侶として、35年間で5000人のご相談を受け、多くの方々を幸せにしてまいりました。

駆け込み寺として、人生相談を受け、それぞれの方が幸せになるようにお話しさせていただいていく中で、仏教、儒教、キリスト教、成功哲学、心理学を総合的にとらえなおし、幸せへの効果が確実にある手法をまとめることで、即効性もあり再現性・持続性もある幸せへのとっておきの方法が完成しました。

この経験の中で、誰もがこの習慣を行えば、必ず幸運に恵まれるようになり、幸せな人生を送れるという幸せ実現の方法をつくり上げてきました。

本書の構成

第1章は、仏さまに愛される！　基本の16の習慣です。仏教を基盤にしながらも、現代人にもわかりやすく実践しやすいようにしてあります。

第2章は、もっと仏さまに愛される！　応用の19の習慣です。仏教では、「身口意の三業（しんくいのさんごう）」と申しまして、身体の処し方、口（言葉）の使い方、意（心）の持ち方を説いてくれているので、それをわかりやすく解説します。

こうすると幸せになれますよ、こうすると不幸になってしまいますよ、といった感じでお伝えいたします。第1章よりは、もう少し仏教に近づいた感じです。いずれもその気になれば簡単にできる内容です。

第3章は、もっと仏教に近づいていきます。「仏さま」と直接つながる方法や心構えが記されています。しかし、仏教に関する本を初めて読む方には、少しスピリチュアル系と思われるかもしれません。しかし、読んでみていただければわかりますが、大谷翔平選手をはじめとするプロ野球の選手や稲盛和夫氏をはじめとする世界的な経営者たちが取り入れている手法なのです。是非、ご自身の人生に取り入れてみてください。効果が徐々に現れることでしょう。

第4章は、1~3章の色々な習慣を行えば人生がうまくいくはずなのに、何か歯車が合わない、どうもうまくいかない、という方の処方箋が書かれております。個別の処方箋を実践したことでうまくいった実例も記しました。

必ず効果があります

今の自分が100%幸せと言い切れない、人生こんなはずじゃなかったとお思いのあなたに、是非とも知っていただき、実践していただき、幸せな人生を送っていただきたい一心で本書を書き上げました。

誰でも幸せになれる方法なんて、あるわけないとお思いですよね。

もちろん疑っていただいてかまいません。結果が出る前から、心から信じていただけるとも思っていません。

ただ、あなたの人生に少しでも取り入れていただければ、必ず効果が出ます。是非、どれか1つでも実践していただきたいと思います。

それでは、あなたを幸せな人生へ導きます。

2024年4月

松永　慈弘

35年で5000人を幸せにしてきたお坊さんが伝える仏さまに愛され、幸せに生きる35の習慣　目次

第1章　仏さまに愛される！　基本の16の習慣

〔基本の16の習慣〕

(1) 世のため、人のために社会貢献をする
(2) 「ありがとう」を言ってもらえるようにする
(3) 困っている人を助けてあげる
(4) ポジティブ発想をする
(5) 陽転思考を行う
(6) 鈍感力を身につける
(7) 謙虚になる
(8) 素直でいる
(9) まずは自力でやってみる
(10) ちょっとチャレンジしてみる
(11) ちょっと努力してみる
(12) 本を読んでみる
(13) すべては必要・必然・最善と考える
(14) 引き寄せの法則を意識する
(15) ご先祖さまを大切にする
(16) 逆境は練習問題と考える

これから、16項目にわたり基本の習慣をお伝えします。

少し驚くことも出てくるかもしれませんが、気に入った項目だけで大丈夫ですので、習慣として取り入れてみてください。

幸せへの効果は必ずあるはずです。

各項目を解説する前に、「仏さま」に関してお話をしたいと思います。

1　仏さまに愛されるとは

仏さまとは

「仏さま？？？」と思われた方も多いと思います。

「仏さま」には2種類の考え方があります。１つめは、２５００年前にインドでお生まれになり、31歳で悟りを開かれたお釈迦さまです。

お釈迦さまはその教えを約50年にわたり説き続け、80歳で亡くなられました。このお釈迦さまがこの世に現れたことにより、仏教が始まり、この教えのおかげで多くの方が救われました。

２つめが、生きとし生けるものを見守り続ける、大いなる存在としての「仏さま」です。お釈迦さまは晩年に次のように説かれました。

「私はこのインドで人々を救っているが、実はそのずっと前から、永遠の命を持つ大いなる存在として人々を救い続けているのですよ。さらに、死後も、永遠に人々を救い続けます」

本書では、仏さまは、みなさんを見守ってくれている存在としてとらえています。

仏さまに愛されるとは

私は、25歳で僧侶になってから、初めて悩みの深い方のご相談を受け、悩みから救って差し上げたいという一心で、仏教のほか、キリスト教やイスラム教、その他にも多くの新興宗教を勉強し、どうすれば、今、悩める方をお救いできるのかを探究してまいりました。

私自身、子どものときから仏さまの存在を感じていたわけではございません。僧侶として、思索をめぐらし、人生経験を重ね、ご相談の中で時々起こる奇跡的なことを体験しておりますと、目には見えませんが、「仏さま」がいらっしゃるように思われてまいりました。

仏さまがいらっしゃって、仏さまから気に入られると、なぜか不思議と精神的にも、肉体的にも、人間関係においても、経済的にも、うまくいくことがわかってきたのです。

まず自分が幸せになりましょう

仏さまは、常時、人々の幸せを願っております。人類の幸せ、生きとし生けるもの（仏教では「一切衆生」と申します）の幸せを願っているのです。ですから、まずは、読者の皆さんが幸せになることが初めの一歩です。

まず、自分自身が幸せになりましょう。

そして、その次に、皆さんが他の方を幸せにしましょう。仏さまになり代わり、近くの方を、関係のある方を幸せにするのです。このような、人のために尽くす行い・他人を利する行いを「菩薩行」または「利他行」と呼びます。これらの行いをすると、仏さまから思ってもみないような幸運を授かることがあります。

この「菩薩行」「利他行」の他にも、仏さまに愛されるには様々な方法があります。その生き方をしますと、さらにお守りいただけますので、ご紹介いたします。

2　基本の16の習慣

幸せな人生を送るための基本の16の習慣について、説明してまいります。

(1)　世のため、人のために社会貢献をする

仏教では、先ほど申し上げたように「菩薩行」・「利他行」を大切にしております。自分のことは後回しにして周囲の方々を喜ばせてあげるのです。仏さまはいつもいつもこの世の中が生生発展し、人々が幸せに暮らしていけることを願っています。仏さまが願っているように、私たちも素晴らしい世の中になるように活動してまいりましょう。

社会貢献というと大きなことに聞こえるかもしれません。自分ができる範囲で、善いことだな、と思うことをすればよいのです。例えば、電車の座席をご老人や妊婦さんに譲ることも菩薩行の1つでしょう。

菩薩行は心の支援にもなります

自然災害が多い時代です。自然災害が起こったら、がれきの撤去に行くことも菩薩行です。がれきの撤去は、撤去するだけの効果にとどまりません。

大地震が起こり被災したお坊さんから聞いたお話です。一度目の大地震で山門が倒壊しました。気はふさぎましたが、復興に向け頑張らなければいけない、と思ったそうです。しかし、翌日にさらに大きな地震が起こって、本堂が倒壊してしまいました。そのときはさすがに気が滅入り、体に力が入らなくなったそうです。

それから3日後に、がれき撤去のボランティアさんが数名来てくれました。その姿を見ていても当初は感謝こそすれ、やはり無気力のままだったようです。

その後、1週間たってもそのボランティアの方々は、暑い炎天下、一生懸命にがれきの撤去をしてくれたそうです。その姿を見て、徐々に力が湧いてきたそうです。「よし、ゼロから始めよう!」と思えるようになってきたというのです。

席を譲ることにしても、がれきの撤去にしても、その行為は直接的な効果だけでなく、心にあたたかい何かを届けているようです。

⑵「ありがとう」を言ってもらえるようにする

「ありがとう」とは、本来、「めったにないことで有ることが難しい」という意味でした。転じて、現代では「感謝します」という意味で使われます。

この言葉を言ってもらえるということは、周囲の方々を喜ばせているということです。江戸幕府を開いた徳川家康は「最も多く人間を喜ばせた者が、最も大きく栄える」という言葉を残していまず。

あまり知られていませんが、徳川家康は豊臣政権下での大名クラスの武将たちの「困りごと解決係」のようなことをたくさんしていたのです。伊達政宗も黒田官兵衛も多くの大名たちが家康によって助けられていました。諸大名から「徳川家康さん、ありがとうございます。お世話になりました」と言われていたそうです。

そのことが、後々の関ケ原の戦いでの勝利に大きく役立ったのです。

ありがとうは国境を越えて

実話に基づいた『パッチ・アダムス』という映画がありました。主人公のパッチ・アダムスは、心の病になり治療のために入院します。入院した病室は2人部屋で、同室になった相手も精神的に病んだ患者でした。その患者は、何度も部屋の中で大声を出して暴れ出します。

パッチ・アダムスは仕方なく、その都度なだめすかして面倒を見てやっていました。そうしていたら自分の心の病が治っていることに気づいたのです。

そこで、彼は退院後、その体験をもとに、「人のために役立つ作業」を、治療の中に取り入れる病院を、医学生をしながら、学生仲間と協力しつくりました。

その後、医師となってから、よりよい病院の建設を全米に呼びかけ、賛同した人たちの多額の寄付金で、病院を設立したのでした。

「アドラー心理学」で有名な心理学者で医者のアルフレッド・アドラーは、医学的立場から、「いつも自分のことばかり考えていると頭脳が疲労困憊し、それが原因で精神的な病をもたらすことになる」と言っています。

「ありがとう」と言われる行いをたくさんしましょう。「ありがとう」と感謝されたことが、仏さまの目に留まり、あなたのもとに様々なよいものが集まって来るでしょう。

(3)　困っている人を助けてあげる

いじめが学校だけにとどまらず、社会問題になっています。ともすれば自分よりも立場の弱い者や能力の低い者を、いじめることはよくあるようです。そのようなときには自分の立場もあるでしょうから、目立つやり方でなくとも、困っている人を助けてあげましょう。あたたかく包み込んであげてください。

松野さん──奇跡のお話

『致知』という月刊雑誌に掲載されていたお話です。

松野三枝子さんは53歳のとき、ステージ4の末期胃がんと宣告されます。そのときは手術でがんを切除することができ、奇跡的に助かったのです。

ところが、5年後再発し全身に転移していました。60kgあった体重も25kgまでになり、今度ばかりはどうしようもありません。いつお迎えがきてもしかたがないと、本人も周りも覚悟していました。

南三陸町の病院に入院していましたが、そこへ東日本大震災の大津波が押し寄せたのです。病院内の多くの患者が、一瞬にして水の中に消えていきました。松野さんも、そうなりかけたとき、たまたま手を出して引き留めてくれる人がいて、間一髪のところ助かったそうです。そして高台にある自宅に、何とかたどり着くことができました。

松野さんの家は農家でお米は豊富にあり、イベント用に使う食材も大型冷蔵庫にたくさん保管されていました。ライフラインはすべて停止していましたが、水は井戸で確保でき、電気はソーラーパネルの配線を変えることで大型の炊飯器が使えたのです。

とにかく皆を食べさせる

松野さんは「とにかく皆を食べさせなければ」と、我を忘れて毎日5升釜3つで、ご飯を炊いて、食べるものがなく困っている周囲の人たちに配り続けました。がんのことを忘れたわけではありませんが、目の前にやらねばならないことがいっぱいあって無我夢中でやっていました。

少し落ち着いた6月になって精密検査を受けたところ、全身に広がっていたがん細胞がすべて消えていたのです。そのとき助けられた人たちから、援助するから引き続いて食事をつくってほしいと頼まれて「農漁家レストラン松野や」が誕生したのでした。それから10年以上経つ今も元気に活躍されています。

このことを、どう考えたらよいのでしょうか。松野さんも自分のためならここまで頑張れません。誰か人のために役立つのであれば、私たちは自分が思っている以上の力を発揮して頑張り続けることができるのです。そのことが松野さんの病にもいい影響を与えています。

この無私の気持ちで、助けてあげるという行いが徳となり、幸運がめぐってくるのです。面倒見のいい人は、往々にして幸運な方が多いですね。

(4) ポジティブ発想をする

「笑う門には福が来る」と申します。いつも心を明るく前向きにしておきましょう。幸せな人生を送りたいとお考えであれば、ポジティブ発想は不可欠の要素です。

幸せな人生を送っている人は、このポジティブ発想を自然と常に行っている方が多いようです。同じ風景を見ても、美しいと見える方もいれば、もの悲しく見えてしまう方もいます。それぞれの感性で判断しますので、一概には言えないところはありますが、幸せな人生を送っている方は、同じ風景を見ても感動すること、何か明るい方向に心が動くことが多いようです。

自分はきっとうまくいく、最後はハッピーエンドになる、自分はもっと大きなことができるはず、幸せな人生を送れるに決まっている、などと思っている方が多いのです。

幸せは簡単に崩れる

しかも、大事なことは、幸せな人生を送っている人は、その幸せは崩れやすいものでもあることを、知っています。ですから、崩れないように努力をしています。人を傷つけるような言動を避けるのはもちろんです。

すぐに怒ったりしては、そのときは、相手をやり込めることができて気持ちはいいでしょうが、結局は、人が離れていってしまい寂しい人生となります。

ライフワークバランスという言葉があります。仕事も大切だけど自分の人生・家族も大切だから、バランスを取りましょう、という意味です。仕事のし過ぎで、身体を壊したり、家庭不和が起きてはいけません。

一方で、仕事も大切です。仕事とは、あなたの敵ではありません。仕事とは、お給料をいただき、生活を支えながら、同時に、社会貢献ができ自分の人間性の向上をもはかる、人間として必須の事柄なのです。

専業主婦も同様です。家庭のあたたかさ、家族の食事、掃除、洗濯から心のケアまで必須のお仕事です。

このような意義を心に置いた上でライフワークバランスを考えつつ幸せを模索していくことが大切です。

まず自分が喜ぶ

「隣の芝生は青く見える」という諺があります。他人のものは何でもよく見える、という意味です。隣のご主人が出世したり、お子さんがいい学校に入ったりしますと、自分と比較して自分が劣っているように考える方もいます。

しかし、人と比べることはないのです。人は人、自分は自分。今まで生きてきた環境も違えば、力も異なるのです。他人と比較し自らを卑下したり、嫉妬心を持ったりするネガティブ発想は、不幸の元です。

「喜べば
喜びごとが

喜んで
　喜び連れて
　　喜びに来る」

という短歌もあります。この短歌は是非覚えていただき、時々、口に出して言ってみてください。言うたびに喜びごとがやってきてくれます。

人の心は変わります。いや、変えるために本書をお読みになっているはずです。少しずつでいいので変わりましょう。常日頃から、ポジティブ発想をしていくように努めてまいりましょう。

(5)　陽転思考を行う

「陽転思考」と「ポジティブ発想」は、異なります。ポジティブ発想は、常日頃から前向きに思考していく考え方、人生の処し方です。「陽転思考」は、悪いことが起きたときに、少々無理をしながらもいい方向に解釈するという考え方、人生の処し方です。

例えば、会社の大口の商談で失敗してしまったとき、ショックですね。会社の上司・同僚・後輩からの期待もあったと思いますし、自分自身への自信を失ってしまうかもしれません。

しかし、このようなときこそ陽転思考です。クビになるわけでもないし、ボーナスも全部はなくなるわけではありません。失敗はしたけれど、この程度で済んでよかったと明るく考えてください。まだ挽回のチャンスは何度もあるのですから、今回の失敗から反省をして、次につなげていきましょう。

「事実は1つ。考え方は2つ」ということを心の中に持っておきましょう。

この場合で言えば、大口の商談で失敗したのは事実ですが、もう会社人生はおしまいだと悪く考えるか、クビにはならないしいい経験が積めたと考えるか、考え方は2つあります。

何か事が起きたときには、いい方向に解釈する習慣を持つようにしましょう。

「ああ、よかったぁ！」

山形の大学を出て山形で就職したDさんのお話です。

その会社は、業績をのばし、東京に支社を出すこととなりました。そこで、東京での支社設立の準備に抜擢されたのがDさんでした。同期入社の中での出世頭です。1年、2年と経つうちに結婚もし、子どもも授かり、東京支店の業績もDさんの営業力もあり、順調に推移していきました。まさに順風満帆な人生でした。

しかし、東京に来て6年目に転機がまいりました。Dさんは社用車で運転中に、交通事故にあってしまったのです。そして、片足切断となってしまいました。

営業は足で稼ぐということもありますので、大変だけれども性に合っている営業を続けられなくなるのではないか、会社も退職しなければならないのではないか、子どもはどうなってしまうのか、幸せな家庭が崩壊してしまうのではないか、など多くの不安にさいなまれました。

こんな最悪な人生はない、と悲しみ、Dさんは病院のベッドの上で布団をかぶって、悔しさ、後悔、不安、怒りなどの交錯した思いから声をあげて泣いておりました。

すると、旦那さんの交通事故の知らせを聞いて、急いで駆けつけてきた奥さんがこう言ったのです。

「あなた、よかったわ！」

ご主人は「何がいいものか。俺は片足になったんだぞ」と怒りながら言いました。

「何言ってんの！　私はあなたが生きていてくれれば、それだけでいいのよ。ああ、よかったあ！」

ご主人は、きょとんとしたそうです。それから、

「そうか、俺は生きている。足は片方を失ってしまったが、その他は元気だ。考えてみればあれだけの大事故で、死んでも不思議ではないのに、義足を付ければ歩くこともできる。妻が言うように、考えてみれば、この程度ですんで幸運だったんだ」と思い直しました。

事実は1つ　考え方は2つ

これが「陽転思考」なのです。一般的には悪いことでも、逆に少々無理をしてよい方向で考えるようにするのです。「事実は1つ。考え方は2つ」ということを頭の中に入れておいてください。

交通事故という事実は1つですが「もう人生はお終いだ」と暗く考えるか、「この程度で済んでよかった」と明るく考えるか、2つの考え方があるのです。そして明るい考え方をしてください。「陽転思考」をしようとするその瞬間に、多少の抵抗があるのはわかります。「陽転思考に効果があるのか」と疑問が湧くこともわかります。

しかし、あえて「陽転思考」を試してみてください。想定よりもいい方向に事態が進んでいくことと思います。

運がよくなり、幸せな人生を送ることができるでしょう。

現にこのDさんは、驚異的な回復力で、リハビリの経過がよく、早めに退院ができました。その後、東京支店の副支店長になり、元気に営業に飛び回っているとのことです。

(6) 鈍感力を身につける

鈍感になりましょう。心配性はいけません。取り越し苦労はもったいない心のくせです。心配することの95パーセントは実際には起こらないという統計があるそうです。つまり、心配性の方は95パーセントはもったいない心の使い方をしているのです。

心配している間は、心は休まらずネガティブ思考に覆われてしまいます。「いい加減」というと悪いイメージですが、多少鈍感になり、「よい加減」で生きていくことも幸せになるためには必要なことなのです。

心配性を克服する方法

人にもよるのですが、やたらと心配性の方がいます。外出に際して、家の鍵を閉めてきたか、ガスの元栓は閉めてきたか、などが心配になるようです。

そのような方におすすめしているのは、自分の携帯電話で、家の鍵を閉めている自分の姿や、ガスの元栓を閉めている自分の姿を動画で撮ることです。心配になったら、携帯電話で動画を見て確認すればよいのです。取り越し苦労によって心を疲弊させてしまうのはもったいないですね。

(7)　謙虚になる

京セラの元社長で日本航空の再建も成し遂げた稲盛和夫氏は、「謙虚にしておごらず、さらに努力を」と言うことを、いつも講演会でお話なさっていました。

傲慢な方は、うまくいっている間はいいのですが、どんな人も長い人生の中では必ず大きな逆境がおとずれるものです。その逆境のときに傲慢な方は、周囲から助けてもらえず、ここぞとばかりに攻撃を受け、足を引っ張られ没落してしまいます。

もっと上がある　もっと上達できる

謙虚が誤解されているようでもあります。「近くにいる人たちの目を気にしておとなしくしていること」と考えている方もいるようですが、もう少し深い意味があると思います。

将棋の藤井聡太さんは、八冠になってもまだまだとお考えです。もっと改善点があると、日々研鑽を進めています。「自分は未熟だ」「もっと上達できる」と考えておいでのようです。この姿勢こそ、謙虚な姿勢なのです。

「うまくいっているのは皆さんのおかげ、失敗は自分の責任」と考え、謙虚でいることを心がけましょう。仏さまは謙虚な方、自慢話をしない方がお好きなようです。

(8) 素直でいる

素直とは、性格や態度にひねくれたところがなく、自分にとって有益であることは過去の経緯に関わらず受け入れる性格のことです。

どのような分野でも、最初はだれでも素人です。自分で勉強すると同時に先輩から教わることもあるでしょう。そのようなときに素直に吸収することが大切です。

学んだからといって、すべてがうまくいくとは限りません。コツというものがあります。先輩は教えたことがうまくいっているかな、と気になるものです。そのようなときに先輩が、自発的にコツを教えたくなるような後輩であるといいでしょう。

プロ野球でも伸びる選手は「素直」な選手であるとされております。プロ野球の選手になったばかりのときはあまり期待されていなくても、周囲の方々の助言を聞き素直に受け入れ、技を磨いていく人が一流の選手になっていくようです。逆に、先輩やコーチの助言を受け入れない選手はあまり活躍ができないようです。

素直になれない原因

素直になれない要因の１つには、プライドが高く、その助言が正しいとわかっていても、受け入れると負けたことになると、思い込んでいることが考えられます。

また、女性に多いのですが、「察してほしい」という感情が強い方も素直になれない性格をつくってしまいます。他にも、幼少期にいじめや虐待を受けて人間不信になってしまったことなどがあるようです。

とてももったいない性格です。仏さまは時として、「変化の人（へんげのひと）」を遣わして助言をしてくれることもあります。「変化の人」というのは、困っているときに急に現れて、なぜか好意を持って助けてくれる人のことを言います。

みなさんの中にもそういった経験がある方もいらっしゃるかもしれません。

どんなに才能があっても、謙虚に素直に助言を聞いて、実践してみることが、伸びる人、幸せになれる人の共通点なのです。

⑼　まずは自力でやってみる

まずは他を当てにしないで、自力でやってみましょう。

「戦う哲学者」と呼ばれたボクシングの世界チャンピオン村田諒太氏は、次のように言っています。
「自分が何をしたいのか、どういう人生を歩みたいのか、人の期待で生きていく必要はありません。親であろうと自分の人生に責任は持てません。自分の人生を自分自身で責任を持って決断すること。そうすれば後悔は生まれないと思います。人生の分岐点、行き先は自分で決めよう！」

人生はワクワク ドキドキ

自分の人生は、自分の力で切り開いていくのです。ワクワクドキドキしながら様々な出来事を経験し、気づきを得ながら自分の人生を前へ進めてまいりましょう。周囲の援助をあてにしていては、本来の自分の実力が発揮されないのです。

一方で、人は1人で生きていくことはできません。うまくいかないときには、周囲の人に相談してみるといいでしょう。相談して、自分でよく考え、自分でやってみるのです。これが「生きる」ということの1つの形だと思います。

(10) ちょっとチャレンジしてみる

生きていれば、様々なことが起こります。何かにチャレンジすれば成功することもあれば、失敗することもあるでしょう。あまりに無謀なことはおすすめしませんが、多少考えて成功する確率が高いのであればやってみることが大切です。

人は得てして変化を好まず、現状を守ろうとしがちです。ただ、新しいことや困難なことにチャレンジせず、現状に甘んじることは、すでに衰退が始まっているとも言えます。

イタリアルネサンスの巨匠ミケランジェロは、「最大の危機は、目標が高すぎて失敗することではなく、低すぎる目標を達成することだ」と、チャレンジすることの尊さを語っています。「最大の危機は低すぎる目標を達成することだ」というのは、低い目標を達成したときにそこで満足してはいけないという意味です。

失敗することを通して改善することを学び、成功することを通してさらに次の目標が見えてきます。これによって、その人は向上でき、幸せになっていけるのです。

お坊さんもチャレンジしてます

私は生来、チャレンジが好きです。何かを始めるときは心の奥には、うまくいかなければ改善を図るけれど、それでもうまくいかなければ、「やめればいい」という思いがあります。何かを起こせば必ず問題が発生します。環境が変わってしまうこともあります。仕方がないことです。そのときはやめればいいのです。

当寺院の御会式（おえしき）というお祭りで万灯行列（まんどうぎょうれつ）を復活させたときに、ある方から、「一度始めたらやめることは恥だから、やめられないよ。だから、私は始めない」と言われたこともあります。ですが、気づけば、復活させてからかれこれ30年近く経ちます。

戦争により途絶えてしまっていたこの文化を懐かしむ声が多くあり、お寺の役員のみなさまや檀信徒のみなさま、地域のみなさまのお力添えのおかげで、このお祭りは年々盛大となり、現在では、3000人くらい集まる大きなお祭りに発展しております。

ちょっとチャレンジしてみて、あまりに大変であれば、途中でやめてもいいのです。その数回や数か月の行動によって、よい効果はあったはずです。初めからなにもやらずにいるより、100倍素晴らしいことです。一所懸命に頑張っている人を仏さまは応援してくれますよ。

⑾　ちょっと努力してみる

幸せな人生を送ろうと思えば、努力は欠かせません。よその会社やよその家族を見てうまくいっているようでいいな、と感じることもあるでしょう。そのように見える会社や家族は、見えないところでちょっとずつ努力をしているからうまくいくのです。

努力しなければどのような組織もおかしくなります。池で気持ちよさそうに水面を移動している白鳥も、足をしっかりと動かしています。見えないところで努力をしているのです。

幸せへの努力

実相寺にご相談に来た方にも、「相応の努力」があって初めて普通の幸せな人生を送ることができるのです、とお話することもあります。

例えば
・穏やかな家庭で生活したいと考えていたら、ちょっとムッとすることがあっても、水に流して、気にしないようにしてください。
・夫婦関係で、前日にけんかをしても、朝になったら、おはようとあいさつをして仲直りをしてください。
・職場での人間関係を円滑にしたいのであれば、疲れていても、ぶっきらぼうな態度はとらずに、ちょっとにこやかにしてみてください。
・認知症の親に対して、怒らないように努力してみてください。毎日、朝昼晩とずっと続く介護。大変なのは、わかります。しかし、怒ってしまって関係が悪くなると修復ができなくなることがあります。
自分の人生をどうしたいのか、何がやりたいのか、どうなりたいのかをイメージしてみましょう。一番いけないのが流されて生きていくことです。ちょっとでいいので、自分の人生を自分の考えている方向に進めてみましょう。

⑿　本を読んでみる

自分が経験できることは限られています。また、教えてくれる人に出会えることもそれほど多いとは言えません。文字ができて６０００年くらいでしょうか。人類はその間、多くの事柄を文字に残し、知恵の蓄積をしてまいりました。

仏教経典、孔子の『論語』、キリスト教の『聖書』の頃から多くの知恵の蓄積が始まり、現代にいたるまで、大体考え尽くされたとは言えないまでも、すでに先人が考えたことをなぞっているようなところも多いのではないかと思います。

本があなたを幸せにする

ですから、知恵は巷にたくさん蓄積されています。その知恵はどこにあるかと申しますと、「本」に書かれています。本が大切なのです。１５００円前後で、その著者の人生をすべて体験できると言っても過言ではありません。

私は、１年間に、約１００冊の読書を心がけております。何十年も続けておりますが、毎週１回は「目からうろこ」の大きな気づきをいただくことができ、心も進化し、人格も進化し、幸せに生きるための方法も進化し続けております。

できるだけ多くの本を読み、咀嚼し、自分の人生に活かしてみましょう。

⒀　すべては必要・必然・最善と考える

すべての事態は、必要なことであり、必然的に起こったことであり、しかも最もよいタイミングで起こっている、という考え方です。そうは言われても、すぐには受け入れられない方が多いと思います。

私もこのことを聞いて約40年ほどたちますが、初めて聞いたときは、そんなことはないでしょう、と思ったものです。しかし、人生経験を積み、多くの方々のお悩み事に対処している中で、今では本当にその通りだなと納得していますし、この考え方にずいぶん助けられてもいます。

どんな理不尽なことが起こっても、怒り・悲しみ・ネガティブな感情になっても、すべては必要なことですから、自分は何を変えればいいのか、という「学び」につながります。

そして、必然的に起こったことですので、どうしてそのようなことが起こったのか、その原因は何なのか、を考えることが自らの「振り返り」につながります。

さらに、そのタイミングで起きたのが最善だというのですから、その問題解決へ向け自分を向上させていく方向で「未来を信じて進んでいく」ことができます。

人のせいにしても、愚痴や不満を言ってもはじまりません。起こったことをすべて受け入れて前に進むしかないのです。衝撃が大きければ大きいほど心の傷は大きいものですが、この「必要・必然・最善」が頭の中に入っていますと、傷を癒し、切り替えることができるのです。

「切り替え」これが幸せへの極意

ある起業家がいました。その方は、仕事一筋で業績を向上させていたのですが、独断的なところがあり、結局は自分が起業した会社をクビになり追い出されてしまいました。

はじめはその理不尽さに腹が立ち、何とか復讐しようと機会を狙っていたそうですが、別の会社に入り、その会社を業界1位に成長させました。

その方は、晩年になって、自分が企業した元の会社をクビになって本当によかった、とお話になっております。「もし最初の会社から追い出されなければ、次の会社で、楽しく本当に自分がやりたいことはできなかっただろう」と感想を述べております。

「それだけではない。元の会社にいたら、忙しすぎて今の妻とは出会えなかっただろう。さらに、それだけではない。大切な娘に恵まれなかっただろう。起業した会社をクビにされて本当に幸せだった」とのことです。

この方はそうお話しなさってからしばらくして、自分が起業した元の会社に再び社長として戻ることができました。大変な回り道だったとは思いますが、「すべては必要・必然・最善」だったのです。

ここまで、うまくいくお話はあまりないとは思います。しかし、人生にはどんなに正しく生きていても、自分に非がなくても、驚くような逆境が訪れることがあるのです。

多くの方がそのことにわだかまりを持ち、以降の人生が恨み・怒り・あきらめの念を抱いた、悲しい人生を歩んでおります。

どんなときでも、「すべては必要・必然・最善」という言葉を思い出していただき、切り替えて、前向きに明るく力強く前に進んでいきましょう。

幸せな人生を送れるか否かは、心の切り替え次第なのではないかと思います。

⒁　引き寄せの法則を意識する

この世には、ニュートンの「万有引力の法則」と同様に「引き寄せの法則」という力が働いています。明るく考えている人のもとには、明るいこと・幸運が引き寄せられ、暗く考えている人のもとには暗いこと・悪運が引き寄せられます。

現在のご自分の環境はいかがでしょうか。満ち足りていますか。それともなにか不足気味ですか。幸せですか。それとも不幸せですか。

幸せな方は、幸せを引き寄せているのです。不幸せな方は不幸せを引き寄せているのです。不幸を引き寄せているというと、そんなことはない、不幸を引き寄せたい人などいるわけがない、と思う方もいるかもしれません。しかし、結果的にそうしている人が実は多いのです。

「親ガチャ」は不幸を引き寄せます

例えば「親ガチャ」という言葉が、数年前の流行語大賞を取りました。家庭環境、特に親の考え方や経済力によって、子どもの人生が左右されることを言います。

しかし、「親ガチャ」と言い続けることは、自分が幸せになれないのは親の責任だと決めつけてしまって、自分が幸せになることをあきらめているようなものです。「親ガチャ」という言葉を使うたびに「あのような親の元に生まれた子どもなんだから、不幸であるのは仕方がない」という考えが頭に浮かび、結果として、自ら不幸であることを引き寄せてしまっているのです。

ですが、親に関係なく、あなたは幸せになってよいのです。そのような親のことは忘れて明るく考え、幸せな人生を引き寄せましょう。

夢にまで見たハワイ旅行

実相寺のお檀家さんのお話です。

お母さんががんになってしまい、毎日娘さんが病院に通っていました。高齢ということもあり、とても心配だったそうです。実相寺で病気平癒のご祈祷をしていただこうということになり、お参りにいらっしゃいました。

そのときは、非常に暗い表情でしたので、世の中には「引き寄せの法則」というものがある、というお話をいたしました。

「病気で気持ちが暗くなってしまうことは、よくわかります。しかし、そのようなことでは病気はどんどん悪化してしまいます。先ほど、親子で海外旅行するのが夢だったとおっしゃっていましたね。病気が治り、親子水入らずで海外旅行をする、明るいイメージを持つといいですよ」とアドバイスをしました。「笑う門には福が来る」というお話もしました。

その後、病院でたまたまハワイ旅行の懸賞広告の記事が目にとまったそうで、母子で相談して、明るく考え、明るい雰囲気をつくりましょうというアドバイスを実践しようと、応募しました。当たるか否かはわかりませんでしたが、ハワイ旅行のガイドブックを母子で読んでみたり、ハワイの海岸を2人で歩いている風景を考えたり、このお店には必ず行きたいね、などとキャッキャッと笑いながらお話していたそうです。

こう明るく過ごしたのがよかったのか、病状はとてもよくなり退院できました。退院して家に帰ってみると、手紙が届いていました。

ハワイ旅行が当たっていたのです。2人でハワイ旅行を満喫しました。その後、がんも治り今でも幸せにお過ごしです。その他にも多くの方々が「引き寄せの法則」をうまく使い幸せを手に入れております。是非ご活用ください。

⒂ ご先祖さまを大切にする

自分がいます。そして、自分を産み育ててくれた両親がいます。さらに、その両親を産み育ててくれた祖父母がいます。さらに曽祖父母、高祖父母とつながり、自分がいるのです。つまり、ご先祖さまがつないでくれている自分なのです。

自分の命はご先祖さまのおかげであり、感謝しなければならないという意味で、日本では古来、ご先祖さまを敬い大切にしてきました。子どもが悪いことをするとお仏壇の前で叱られ、善いことがあると真っ先にお仏壇に報告をしたものです。

子孫を見守るご先祖さま

昔は、ご先祖さまに立派な方がいれば、そのご先祖さまよりも立派になろうと努力を重ね、身を立て名をあげることを目指したものです。立派な方がいなければ、自分が初代となり立派になろうと努力しました。

国民の多くがご先祖さまという存在を通じて、よりよくなろうとする生き方を行うことにより、日本国全体として、治安が守られ、努力を尊ぶ、民度の高い国柄となっていったのでした。

識字率も幕末の頃にはイギリスのロンドンは20％とされておりますが、江戸の町は70％以上の庶民が読み書きできました。ご先祖さまを大切にすることが日本の根幹にあったのです。

ご先祖さまは、生きている子孫である私たちをいつも見守ってくださっています。ですから、守ってくださっていることに対して、感謝を表すためにも、是非、お仏壇があれば、お仏壇で手を合わせてみてください。

また、お墓参りにも是非行っていただきたいと思います。なかなか遠方でお参りができない方もいらっしゃると思います。そのような場合は、心の中で「おばあちゃん、おじいちゃん、ご先祖さま、いつもありがとう」と語りかけるだけでも、ご先祖さまは喜んでくださいますよ。

追善供養のおかげ

なかなか赤ちゃんが授からないご夫婦がいました。10年たっても赤ちゃんが授からないのです。

そのご夫婦の父親が、親戚の方とお話をしました。

「なかなか赤ちゃんが授からず、おじいちゃんになれないんだ」

「お墓参りやご法事はしているかい？」

「孫が生まれたら、ご法事をしようと思っているんだ」

「それは、逆かもしれないよ。ご先祖さまは子孫の繁栄を願っている、ご法事をすれば、ご先祖さまの守りが強まって赤ちゃんが授かるかもしれない。ご法事をしてみたらいいのではないかな」

ということで、ご法事をすることとなりました。それから、すぐに懐妊し、1年後には待望の赤ちゃんを授かったそうです。

ご先祖さまは、子孫のことを心配しながら見守ってくれているのです。是非、お仏壇、お墓にお参りください。ご先祖さまからの守りが強まることでしょう。

亡くなったおばあちゃんが枕元に

別のお檀家さんのお話です。

母の夢枕に、亡くなったおばあちゃんが立ったというお話を伺ったことがあります。その女性は、地方から東京の大学へ進学し、そのまま東京で就職をして、働いていたそうです。

あるとき、仲良くなった男性との初めてのデートを終え、一人暮らしのアパートに帰宅したちょうどそのとき、リーンと家の電話が鳴りました。電話を取ると、遠方で暮らす母親で、開口一番こんなことを言うのです。

「今、お付き合いしている人がいるの？」

そう言われて、「えっ！！」と、大変驚いて、思わず声が出ました。そのときは、とっさに隠そうと思い、「そんな人いないわよ！」と取り繕ってしまいました。

母はいぶかしがりながら、

「実は、今朝、夢にあなたのおばあちゃんが現れて、『孫娘の結婚相手が決まったから準備しなさい』と言うのを聞いた後、目が覚めたのよ」と、経緯を話してくれました。

それを聞いて、「結婚相手が決まったって、今デートしてきた彼のことかしら。まだ出会ったばかりだけど、きっと、この人と結婚するんだ！！ 可愛がってくれたおばあちゃんが言うんだから間違いないわ！」と、確信めいたものが生まれました。

というのも、両親が共働きでいつも忙しく、ご飯から看病まで、ずっと育ててくれていたおばあちゃんがわざわざ夢枕に立って教えてくれたからです。

結局、その後トントン拍子に話が進みました。次のデートでは、構えることなく自然と、互いの結婚後の幸せな家庭像を語り合い、3回目のデートでプロポーズをされました。そして、結婚に至ったとのことで、今でも幸せに暮らしているそうです。

このように、ご先祖さまが夢に現れる場合もあるようです。現れない場合でも、ご先祖さまは皆さんのことをよく見守ってくださっていらっしゃいますよ。

⒃　逆境は「練習問題」と考える

人間だれしも不遇の時代があるものです。敗軍の将の息子でしたが、命だけは助けてもらえた源頼朝。いつ殺されても文句が言えないような環境にあった源頼朝は、鎌倉幕府を開きました。

人質となってしまい、事態の推移によってはいつでも殺されてしまう環境にあった徳川家康は、江戸幕府を開きました。宗教者も同様です。日蓮は、たびたび命を奪われそうになったり、島流しにあったりしています。浄土宗の祖・法然も浄土真宗の祖・親鸞も同様です。何故、正しいことをしているのに、その真意が伝わらないのだろうと、自己を振り返り、思索を深め境地が高まったのでした。

私の父親も同様です。古い話ですが、昭和一けたの生まれの父がお婿さんにこの実相寺に来たのが昭和33年です。義理の父母は明治生まれで、新しく来た婿をしっかり育てようと、随分と冷たく当たったのでした。草むしりしかさせてもらえず、その期間は20年にも及びました。住職になってからは、逆境時代に培った円満な人徳により、本山（大きなお寺）の貫首（位の高い住職）に推戴され、僧侶としての人生を全うされました。屈辱に耐える辛抱・忍耐してこそ、人の優しさがわかり、人に優しくできるようになり、人の心の機微を感じ取れるようになるのです。

実は、辛抱・忍耐は自分を鍛え、心を高めるためにあると言っても過言ではありません。幸せな人生を歩むための一番の特効薬ともいえるのです。

「逆境」はあなたを幸せへ導いてくれる

生きていれば、誰にでも「逆境」が与えられます。すべてが意のままになることはありません。自分がその地位に就いたほうがその組織がうまくいくのに、自分よりやる気もない人がその地位についてしまい、その組織を衰退させてしまうこともあります。不合理なのが人生なのです。

「逆境」に遭遇したときには、その「逆境」は自分の人格を向上させてくれ、自分を幸せに導いてくれる「練習問題」なのだととらえて乗り越えてまいりましょう。仏さまは乗り越えられない逆境は与えないと言います。必ず乗り越えられます。

どうしても乗り越えられない、途方に暮れているということであれば、巻末に連絡先を載せてありますので、どうぞご連絡ください。共に活路を見いだしてまいりましょう。

「順境なら『よし』。逆境なら『なおよし』」という言葉があります。誰にでも、一生のうちに大きな逆境は一度は必ず来ます。逆境が来たら「待ってました」とばかりに歓迎し、自分を向上させてくれるありがたい「練習問題」ととらえ懸命に努力をしてみましょう。その先には、新しい世界、新しい境地が広がっていることでしょう。

以上、自分を幸せへと導く基本の習慣、16項目を解説してまいりました。すべてを行うことはなかなか大変かもしれませんが、1つでも2つでも試すことで、少しずつでも、仏さまから守っていただけると思います。何事も実践が大切です。是非ご活用いただき、幸せな人生を送ってください。

第2章　もっと仏さまに愛される！　応用の19の習慣

【身口意】

【身】

(1) 身の三悪（さんあく）を行わない
(2) 運がいい人と付き合う
(3) 大事にすると大事にされる
(4) 大事にすると長持ちする
(5) 掃除をする
(6) 身体のあらゆる部分に感謝する
(7) 一隅を照らす

【口】

(1) 口の四悪（しあく）を行わない
(2) 愛語を語る
(3) 「口ぐせ」を活用する
(4) 「ありがとう」を毎日10回言いましょう
(5) 自分が発する言葉は自分に返ってくる
(6) 陰ぼめをする

【意】

(1) 意の三悪（さんあく）を行わない
(2) あなたの理想をイメージしましょう
(3) 潜在意識を活用しましょう
(4) いつも脳を「快」にしておく
(5) 自己暗示をする
(6) 許しましょう

1　身口意とは

身口意（しんくい）とは

仏教では**身口意**《しんくい》の**三業**《さんごう》と申しまして、身の正し方、口の正し方、意（心）の正し方を教えています。

身口意にわたり善因善果（善い行いが善い結果を生むということ）を心がけて生活をして心を高め、徳を積んでいくことが何よりも大切であり、幸せな人生を送るうえでの欠かせない方法なのです。心を高め、徳を積む、と言いますと、自分には難しいかな、と思われる方もいらっしゃるでしょう。そうではありません。簡単なことを、日々の生活習慣に取り入れていただくだけのことです。

多くの方々が幸せになっていく様子を見てまいりましたが、その幸せが続かない方もいらっしゃいます。病気をぶり返してしまう方や、家庭内が一度うまくいっても、家庭不和に戻ってしまう方もいらっしゃいました。

お参りやご祈祷によって改善しても元に戻ってしまうのです。うまくいっても直後に事態が元に戻ってしまう、これはどうしてなのだろう。研究を重ね、またご相談者さんの様子を見てまいりました。

生き方の改善を

そして、気づいたのは、生き方を改善する必要があるということでした。お寺や神社に行きお参りをしたから、ご祈祷を受けたから、ご供養をしたから、もう大丈夫ということではないのです。

仏教とは、仏の教えと書きます。仏さまは、このように生きると幸せな人生を送れますよ、と説き、善因善果・悪因悪果・四苦八苦・煩悩即菩提・三宝印などの教えを説きました。生き方の改善が必要なのです。

生き方の改善と言っても、イスラム教のように日に7回、メッカに向けてお祈りをしなさい、などということではありません。いわば、心構えのようなことであり、習慣化することが中心となります。誰でもできることです。

仏さまは、「身体に関してこのようにふるまえば、徳を積むことになり幸せになれますよ。口に関しては、このように口を使うことによって幸せになれますよ。意に関しても、このような意識を持ち、この心で生きていくことにより運がよくなり幸せな人生を送れますよ」と教えてくださっています。

私の生き方は小さい頃からこうだから、性格はこうだから、もう決まっているから変えられないという人がいらっしゃいます。自分の生き方を、すべて否定することはありません。ただ、もっと幸せになれる方法があるのですから、少しでも取り入れてみてはいかがでしょうか。

人柄を変えれば幸せに

人は変われるのです。性格も生き方も、変えられるのです。

この第2章でお伝えすることを、今すぐにすべてを同時に行う必要はありません。一時的にやってみようか、という軽い気持ちでどれか1つでも行っていけば、徐々にあなたにとって理想的な人生を送れるようになれます。

例えば、仏教には「貪瞋痴《とんじんち》の教え」があります。むさぼってはいけません。怒ってはいけません。愚かなことをしてはいけません。ということです。これらのことをできる範囲でもよいので、実際に実践することが大切なのです。

お参りをしたから、ご祈祷を受けたから、ご供養をしたからと言っても、むさぼったり、怒鳴り散らしてばかりいては、幸せにはなれないのです。ご祈祷もご供養も大切ですが、それよりもまずあなたの生き方を徐々に徐々に、穏やかな生き方、仏の教えの生き方、これから第2章でお話する仏さまに気に入られるような生き方へと、少しずつ改善していくとよいのです。そうしますと、人生が総体として想像以上にうまくいくようになるのです。

身口意にわたり生き方を変えてみませんか

途中までうまくいっているのに、なぜか突然、うまくいかなくなってしまったと、ある方がご相談にいらっしゃいました。

自分の何がいけなかったのでしょうかと、大変悩んでおいででした。

破談――今さらそんなぁ

結婚を約束していたのですが、急に「やはり無理だと思う」と告げられ破談。涙を流しながらお話されていました。

お話を伺うと、悪意があったわけではないのですが、幼少期の家庭環境の影響か、何事も悲観的にとらえてしまう癖があり、デートをしていてもお相手にとって楽しい時間ではなかったようです。

明るさ・楽しさ・感謝の気持ちを前面に出して生きるようにアドバイスをし、ご本人もそのように変われるように努力をなさいました。数年後、結婚が決まり、今でも幸せな人生を歩んでいらっしゃいます。誤解している方が多いのですが、ご自分の性格は変えられます。人は変わることにより、人生が上向いていくのです。

途中まではうまく進むのに

この仏さまに気に入られるような生き方を受け入れ、自分自身を変えていくことにより、東京証券取引所に自社を上場することに成功した方もいらっしゃいます。上場の基準の売上高10億円までもう少しというところで、片腕として多くのことを任せていた専務が突然死したり、また、再起を図り今度こそ上場をしようとしていたところ、社員が大金を持ち逃げしてしまい倒産しかかったりするのです。

最愛の女性と思っていた奥さんが離婚を申し出たり、社屋が火事になってしまったりと様々なことが起こります。

経営者としてはセンスもあり、知識もありバイタリティーもあるのですが、もう一歩の所で不運がおとずれるとのことでした。

時間をかけてお話しいただく中で、「周囲の方への感謝や、社会のためということを考えず、自分の利益だけを追い求めてきた人生だった」とぽつりぽつりと話されました。

ご自分でも、このような自己中心的な生き方はよくないなと思っていたそうです。しかし、それではどうすればいいのか、どのような生き方をすればいいのか迷っていたのでした。

インターネットでの検索のご縁で、実相寺とつながり、この方も、仏さまの教えによる生き方により素晴らしい理想的な人生を送っています。

さて、それでは、幸せな人生が歩めるようになる「応用の19の習慣【身口意】」を始めたいと思います。

2 身口意【身】の7つの習慣
——体の行いを正し 運を開くようにしてみましょう

(1) 身の三悪《さんあく》を行わない
(2) 運がいい人と付き合う
(3) 大事にすると大事にされる
(4) 大事にすると長持ちする
(5) 掃除をする
(6) 身体のあらゆる部分に感謝する
(7) 一隅を照らす

(1) 身の三悪《さんあく》を行わない

身の三悪という言葉があります。殺生《せっしょう》・偸盗《ちゅうとう》・邪淫《じゃいん》です。昔、中国の皇帝と当時の最高の高僧の会話で、皇帝はこんなことは小さな子どもでも知っている、と言ったところ、その高僧は、深く悟った人でも行うことが難しいと返した、という逸話があります。

殺生とは

「殺生」とは、生き物を殺すということです。害虫はどうすればいいのでしょうと聞かれることもありますが、時と場合によるでしょう。できるだけ生き物を殺すことはしないことです。

偸盗とは

「偸盗」とは、盗むことです。他人のものを盗むのはいけませんし、ましてや強奪することなどはありえません。そのようにして他人の悲しみや怒りを通して獲得したものは、同様に他人に奪われてしまいます。さらに、悪業をつくることとなりますので、病気や不運を招き入れてしまうこととなります。

邪淫とは

「邪淫」とは、よこしまな淫欲のことです。淫欲による罪は大きな罪として、裏切りや不健康をもたらします。

(2)　運がいい人と付き合う

「運」と申しますと、なにかつかみどころのないもの、偶然の産物などというイメージがあります。「運頼み」は不謹慎なことで、「努力」「誠実」こそが大切なのだ、ということが世の中の常識です。

その通りです。「努力」と「誠実」こそが大切なのは、間違いありません。

本書にも「努力」「誠実」の記述がたくさん出てまいります。このことは大前提として、皆さんには是非とも「運」の大切さを知っていただきたいと思います。そして、「運」をよくしていただき、幸せな人生を送ってください。

「運」は自分でよくできる

「運」をよくすることなどできない。「運」はたまたまめぐってくるものなのであって、結果的に「幸運」であるのだ、という声が聞こえてきそうです。

しかし、それは間違っております。「運」は人為的によくできるのです。しかも簡単にできます。その方法でもっとも簡単でしかも効果があるのは、運がいい人と付き合い、その旺盛な幸運のおすそわけをいただくようにするという方法です。

具体的に申しますと

・ツイている人と付き合う、ツイていない人は避ける
・プラス思考の人と付き合う、マイナス思考の人は避ける
・責任感のある人と付き合う、責任転嫁する人は避ける
・誠実な人と付き合う、計算高い人は避ける

となります。

不幸仲間よ　さようなら！

実相寺には人生がうまくいかない方が、ご相談にいらっしゃいます。お寺の役割は人々を幸せにすることですから、大歓迎です。しかし、特に今悩みをかかえていらっしゃる方はお付き合いをする人に関して、少々考えてみたほうがいいでしょう。

運が悪い人・ネガティブなことを言う人は、悪い雰囲気（波動）を出しています。雰囲気は人に移ります。ネガティブな方の周りにはネガティブな人が寄ってきて、不幸せでいることによる仲間意識を持ってしまいます。

幸せになるためにそこから抜け出ようとすると、裏切り者扱いされ、ずっと不幸せ仲間でいることになってしまいます。なんとかして、不幸せ仲間から逃れるようにしてください。そして、幸せな方々との縁を結ぶようにしてください。

悩みが解消され、余裕が出てから、困っている方を支える側に回っても遅くありません。「ウエットブランケット（濡れた毛布）は近くに置くな」という言葉があります。せっかく自分の中でやる気を起こしても、塗れた毛布のように、そのやる気の火を消してしまう人はそばにいませんか。おまえなんかには無理だとか、チャレンジなんか無駄だとか、やっても仕方がないなどと、いつも愚痴や悪口ばかりのネガティブなことを言ってくる方とは、距離を置きましょう。

幸運な人を真似てみる

Rさんという方がいました。一般的な家庭で育ち、大学も卒業し、普通に就職をしました。いたって普通のはずなのですが、もう少し自分はできるのではないか、何か上から覆いがかぶせられ、伸びることができるのに妨げられているような息苦しさを感じていました。

大学を卒業し就職した会社の直属の上司は、会社拡大によりポストが増えた際に運よく、若くして部長になった方で、いつも溌溂としていて、公明正大、分け隔てなく部下たちに接してくれる方でした。「俺は運がいい」というのが口ぐせで、実際、営業成績も抜群でした。

Rさんから見ると、このような人物になりたいと常々思っていました。この部の忘年会で、たまたま隣の席になり、お酒の勢いもあって、Rさんは部長さんに「私は色々ともう少しできるのではないか、自分が自分でないような気がします」と率直に今の心情を吐露したのでした。

すると、部長さんは「Rくん、実は私も君にはもっと可能性があるように感じている。おそらく、子どもの頃から、危ないからやめなさい。お前には無理だよ。などと言われて育てられてきたのではないかな。ご両親は君が可愛いくて、失敗しないように先回りをして危ない道から守ってくれていたんだと思う。小さな失敗はすればするほど、人として成長できるんだ。営業など、一緒に連れていってあげよう。やってみるか？」と言ってくれたのです。

部長さんのような素敵な人物になりたいと思っていたRさんは「是非、お願いします」と二つ返事でお受けしました。

幸運な人の生き方

以来、部長さんと同行することが増えました。Rさんが気づいた部長さんとの一番の違いは、ある事象に関して、部長さんは、どうすればうまくいくかをニコニコしながら考えるのに対し、Rさんは、「余計なことはしないでおこう。初めから無理に決まっている」と決めつけてしまうことでした。

他にも、部長さんも商談が不成立になることもありますが、そのようなときに、どうして不成立になったのかを、他人のせいにせず、反省し次につなげていました。

Rさんは、「会社の商品が悪かった。値段が高かった」と、自分が悪いのではなく自分以外の責任だと、考える癖があったのです。

客観的に考えて商品の性能が他社よりも各段に優れていたり、値段が各段に安いことはまれであり、やはり人柄、信頼感、日頃のお付き合い、営業トークなど、自分のこととして反省するべき点はあったはずなのに、そのことを怠っていたことに気づいたのでした。

Rさんは、部長さんの生き方の影響を受けて、徐々に他責をやめ、自分事として様々なことを「よし、やってみよう」と積極的に関わるようになっていきました。すると、かつての自分の力が発揮できていないようなモヤモヤした気持ちがなくなってきたのです。

商品の値段では負けていたのに、偶然が重なり大型商談が成立してしまったり、昇進する予定であった人が会社を退職したことにより、自分が昇進することになったりと、「運」がとてもよくなりました。

部長さんが他の部署に栄転するまでの6年間に、様々なことを学び、Rさんは、生まれ変わったのでした。

「努力」「誠実」は前提として、「運がいい人と付き合う」ということで、「運」をよくすることを心がけてみてください。

(3) 大事にすると大事にされる

大事にすると、大事にされます。みなさんは、親御さんを大事にしていらっしゃいますか？ご友人を大事にしていらっしゃいますか？

結婚している方は、奥さん・旦那さんを大事にしていらっしゃいますか。

奥さんを大事にしてみる

あるご夫婦が、関係が冷え切っていて身体に不調まで出ているとご相談にいらっしゃいました。旦那さんの冷たい態度に悩んでいて、もう離婚したいと思い詰めているということでした。旦那さんのほうは、冷たい態度を取っているつもりはなく、自然体で過ごしているのに、いきなりそのように妻から言われてしまい、困惑していらっしゃいました。

そこで、奥さんはどのように思っていらっしゃるのかを聞かせていただきました。そして、旦那さんに、もう少し優しい言葉、優しい接し方など、奥さんを大事にするように心がけてみてはいかがですかとお伝えしました。

その後、旦那さんは会社と家庭で同じ態度で過ごしていたことを反省され、家庭では、穏やかな気持ちで過ごすようにして、奥さんに対し、愛情と感謝の気持ちを伝えるようにしたそうです。すると、奥さんにも笑顔が戻り、夫婦の会話が増えました。

そして、奥さんも、旦那さんと同じように、愛情と感謝の気持ちを返せるようになり、このまま夫婦生活を続けていきたいと思うようになったとのことです。

部下を大事にしてみる

上司と部下の関係も同様です。部下が仕事に１００％の力で取り組んでくれない、どうしたらいいか悩んでいるとご相談にいらっしゃった方もいました。

お話ししていく中で、「うまくいったときや苦労しているときにねぎらいの言葉をかけていますか？」と尋ねてみると、「仕事なのですから、ほめるほめないの問題ではないと思います」とのことでした。

そこで、「関わり方を変えてみてはいかがですか。部下の方も人ですから、ちょっとしたねぎらいや指導の一言で、やる気が出たり、なくなったりします。難しいことではありますが、指導するときも、頭ごなしに叱るのではなく、できるだけ、本人の性格に合わせた指導をしてみてください」

とお伝えしました。

数か月後、「部下のやる気が１００％までいかなくとも、以前より仕事に前向きに取り組んでくれるようになりました。それに、私を飲みに誘ってくれるようにもなりました」とご連絡をいただきました。

周囲のみんなを大事にしてみる

家庭のこと、上司と部下のことをお話ししましたが、親子関係でも、友人同士の関係でも大事にしてあげると大事にされるのです。

意地悪な人や、もともと相性の合わない人もいるでしょう。そのような方には、いろいろな対処の仕方もあるでしょうし、無理に大事にしなくてもいいでしょう。

それでも、多くの人を大事にしてあげましょう。あなたも大事にされて、幸せな人生を送れるようになります。

(4) 大事にすると長持ちする

生き物でない物も、まるで生きているかのように大事にすると、故障が少なくなり、長持ちすることが多いようです。例えば、車やボールペンやカバンなどにも、時にはありがとうと感謝の言葉をかけてあげてください。

かつて私のパソコンがダウンしてしまったのですが、そのときに「いつも頑張ってくれてありがとう」と声をかけてからスタートボタンを押したら、ダウンから復活したことがありました。

また、外出時、駐車場で、乗っていた自家用車が原因不明で動かなくなってしまい、仕方なく、その場に置いていきました。

翌日、ＪＡＦを呼ぶ前に、「今からＪＡＦに来てもらうけれど、どうかな、エンジンがかかってくれると嬉しいのだがね」と言ってエンジンをかけたところ、エンジンが奇跡的に動き出したこともあります。

「物」は「物」ではありません

物を丁寧に扱う方は、周囲からも素敵な方と思われるものです。近藤麻理恵さんの『人生がときめく片付けの魔法』という本には単に片づけの手法が書かれているのではなく、衣類・小物・本や書類などを物として扱うのではなく、心を込めて扱うというような物との付き合い方を紹介してくれています。無農薬リンゴの栽培に成功した木村秋則さんは、その著書『奇跡のリンゴ』で、どんどん枯れて行くリンゴの木に、最後は声をかけて回ったそうです。すると、声をかけたリンゴだけ、実をつけてくれたのでした。

無機物としての「物」は単に「物」ではありません。「生きている物」として対処するとよいのです。

(5) 掃除をする

皆さんのお部屋は整理整頓がなされていますか。整理整頓がしっかりできていて、お掃除がしっかりできているところに、幸せがやってきます。

伸びている会社の事務所はいつもきれいです。幸せな家庭のリビングは、整理整頓がなされており、奥さんのにこやかな笑顔が常にありますし、家族みんながにこやかです。

逆にいつも散らかっていて掃除がなされていない部屋には疫病神が住むとされております。運気は下がりますし、家族の皆がいつもイライラしていて喧嘩が絶えず、各自が互いに思いやるということを忘れてしまいがちになります。

トイレ掃除の効果は絶大

特にトイレは、常日頃から綺麗にしておかねばなりません。トイレですから、どうしても汚れますし臭いもこもりがちとなり、悪い運気の源になってしまうのです。いつも綺麗にしておくことを心がけてください。

トイレには弁天さまが住んでおり、きれいにすることで、弁天様から金運のご褒美がいただけるとされております。効果抜群ですから、是非、実行してみてください。

また、幸運に恵まれ幸せな人生を送っている方々の共通点として、トイレのふたがいつも閉まっていることがあげられます。売上絶好調の会社のトイレも、すべて閉まっていますね。このことも真似をして、トイレのふたはいつも閉めておくといいでしょう。よいということは何事も真似をしてみるといいのです。

忙しい中で掃除がままならないという方もいらっしゃるでしょう。全部をきれいにできるというわけでなくとも、ちょっとここだけやってみるという風に続けてみてください。

⑹　身体のあらゆる部分に感謝をする

自分の身体に声をかけてみましょう。

お寺の掃除をしていて少し高いところから飛び降りた際に、右足の膝を痛めたことがありました。当初は歩くこともままならず、ずいぶんと不自由な思いをしました。

そのときに、身体のどの部分をとっても１つひとつすべてが大切なのだなと、あらためて感じました。思い知らされた、といってもいいかもしれません。

それから、身体のあらゆる部分に対して１つひとつに「ありがとう」という声をかけるようにしております。

お風呂場での幸せへの極意

お風呂に入っているとき、身体を洗っているときが一番身体を労われると思います。その際に、例えば、「ありがとう」と目をさすりながら言ってみましょう。目が機能しているから見ることができます。これは当然のことではなく、ありがたいことなのです。耳が機能しているから音が聞こえます。ですから、「ありがとう」と耳をさすりながら言ってみてください。鼻も口も同様です。

身体の表面だけではありません。脳も筋肉も五臓六腑と言われる内臓も同様です。例えば心臓のあたりに手を当てて「いつも動いてくれてありがとう」と声をかけてみましょう。

ただし、すべての部分に声をかけていたのでは何時間もかかってしまいますので、気の向いたところだけでよいと思います。

「足の裏さん」ありがとう

しかし、忘れていけないのは、「足の裏」です。足の裏は大地に立つときに自分の身体を支えてくれます。靴を履いていることは多いでしょうが、あまりきれいでないところにも、文句を言うことなく入ってくれます。夏などは汗で蒸れてしまうこともあるかもしれません。しかも、誰からも感謝されておりません。かわいそうですね。

目も耳も心臓も大切だということは、すぐにそれはそうだと得心していただけることと思います。しかし、足の裏は皆さん忘れていたのではないでしょうか。「いつも体を支えてくれてありがとう」と言いながら足の裏を、丁寧に感謝を込めて磨きましょう。

ＮＨＫの特集で放送されておりましたが、脳だけではなく骨や筋肉や細胞からもそれぞれ指令のようなものが発せられ、全体として調和しながら身体は運営されているそうです。感謝していますと、不思議なことに、さらに感謝の念が沸いてきます。

身体の部分は何も言いませんが、おそらくよい指令となって、その部分の細胞は喜んでいるのではないかと思います。善因善果です。この身体のあらゆる部分に感謝するという習慣は、あなたを健康に導いてくれるのです。

(7)　一隅を照らす

平安時代のお坊さん最澄聖人の言葉に「一隅《いちぐう》を照らす」というものがあります。実はもう少し長くて、

「一隅を照らす。これ、すなわち国宝なり」という言葉です。

「一隅」とは、家庭や職場や様々な人の集まりや団体など、自分自身が活動しているその場所のことです。「国宝」とは、様々な分野がありますが、特に価値の高い美術品をさすことが多いですね。

しかし、そのような美術品とは比べられないほど、一隅を照らすことは大切であり、この一隅を照らすその人こそが、また光り輝く幸せな組織こそが本当の国宝です、という意味です。

自分の居場所を照らしてみる

人が集まると様々な利害関係が出てきて、意見が錯綜しまとまるのが大変です。しかし、世のた

め人のため、その組織のために貢献し、精一杯努力をしましょう。そしてその家庭や職場の果たすべき役割を意識し、前向きに明るく楽しく関わっていくようにしましょう。

家庭であれば家族がくつろげる場所にする。職場であれば、みなが働きやすい職場にするとか、いい商品やサービスを生み出して社会に貢献するといったことが、本来の機能に当たるでしょう。そして、そのような一隅が日本中に広がり、世界中に広がることにより、よりよい世界にしていきましょう、ということです。

実相寺を照らしてみる

私が住職を務めております実相寺も、一隅の1つです。お寺の機能の1つは、人を幸せにすることです。ですから、毎月の法話会や実相キッズと呼ばれている子ども会、悩み相談、年1回の子ども対象の修行体験や3000人規模のお祭りなど、様々なことを行っております。

どの程度、光り輝いているかはわかりませんが、悩み事が解消できた方の笑顔や子どもたちの楽しげな笑顔を見ていると、少々は一隅を照らしているのではないかと、思います。

家庭にあっても、家族の皆が家庭を明るく楽しくしていこう、家庭という一隅をよりよいくつろぎの場所にしていこうと努力する必要があります。努力しないと幸せにはなれません。家庭の外では、皆、それぞれに戦っているのです。家庭くらいは安楽な一隅、心穏やかにしていられる一隅にしたいものです。

自分の家庭を照らしてみた

あるご家庭のお話です。おじいさんとおばあさんの力が強く、息子さんやそのお嫁さんをいわば「支配下」に置いている状況でした。特にお嫁さんには、うちの家風に従わせようと、何かミスがあるたびに、そこまで言わなくてもいいのではないかと思うくらいに、叱ることがありました。

息子さんが見かねて、ミスがあってももう少し優しく諭すように言ってくれないかな、と言っても改善しませんでした。

若夫婦は3年ほど我慢しておりましたが、あまりに大変で、こんな家庭では毎日が辛くて仕方がない、経済的には苦しくなるが家を出ようかということで実相寺に相談にいらっしゃいました。

結果として、私のほうからそのおじいさんにお話をすることとなりました。

「あたたかい家庭こそ、ご希望の家庭ではありませんか。いがみあっていたのではおじいさんもおばあさんも苦しいし、若夫婦と孫たちも苦しい。皆6人でくつろげる理想的な家庭をつくるためにも、伝え方を変える必要があります。互いに尊重し、互いに敬いあい、互いに感謝しあうような家庭をつくりましょう。若夫婦もここのところ少し対立気味なものの言い方になってしまっていて、申し訳なかった、と反省していましたよ」と伝えました。

すると、おじいさんが「実は、嫁にはもう少し思いやりをもって接しようと思うのだが、軽んじられてはいけない、という思いが強いのか、思っている以上に強い言葉となってしまうのです。今日からは優しい言葉で接するようにします。私のほうから謝るようにします」と目を潤ませながら、心から反省しているような感じでお話になられました。

その後、互いにわだかまりが解けたのか、当山へのご先祖さまのお墓参りも、家族6人でいらっしゃるようになりました。老夫婦・夫婦・子どもたちの3世代が、和気あいあいの雰囲気の中で、互いに信頼しあうことができたのです。明るく照らされている家庭が、1つ増えました。このように自分の家庭が幸せになることも、一隅を照らすことなのです。

皆さん、それぞれが幸せになりましょう。そのためにはどうするべきなのか、よくお考えいただき、実行に移してください。自分の幸せは努力なしには得ることはできません。

3　身口意【口】の6つの習慣
――口から発する言葉は　特に大きな影響力があります

⑴　口の四悪《しあく》を行わない
⑵　愛語を語る
⑶　「口ぐせ」を活用する
⑷　「ありがとう」を毎日10回言いましょう
⑸　自分が発する言葉は自分に返ってくる
⑹　陰ぼめをする

(1)　口の四悪《しあく》を行わない

口の四悪という言葉があります。妄語《もうご》・綺語《きご》・両舌《りょうぜつ》・悪口《あっく》のことです。

妄語とは

「妄語」とは、嘘をつくことです。嘘はついてはいけないと小さな頃から学んだとは思いますが、大人になると、嘘でごまかしたくなることもあるでしょう。しかし、そのようなときにも嘘をつかないようにしましょう。嘘は必ずわかってしまいます。嘘つきという烙印を押されると、人からは信頼されなくなり、不幸せになってしまいます。

綺語とは

「綺語」とは、綺麗ごとを言って誤魔化すことです。心にもないおべんちゃらを言って人に取り入ることは、結局見抜かれてしまい信頼を失いますし、その程度の人間かと軽蔑されたり、軽く見られたりもします。

両舌とは

「両舌」とは、二枚舌を使うことです。あちらでいいことを言い、こちらでもいいことを言うのです。そうすると、どこかでその両舌がわかってしまい、両者から付き合いを断たれ、孤立してしまいます。

「悪口」は止めましょう

悪口は自分に戻ってきます。脳の仕組みがここ10年で革命的に解明されてきたことによって、脳のよりよい使い方がわかってきました。かつては右脳と左脳とに分けて、左脳は理論をつかさどり、右脳は感性をつかさどるなどと言われておりましたが、その後もっと深い様々なことがわかってきました。

例えば、脳には主語がないということです。悪口を言っていると、脳はそれを言っている本人のことだと解釈してしまうことがわかってきました。恐ろしいことです。このあたりのことは、オリンピックで多くのメダリストのメンタルトレーナーとして活躍している西田文郎氏の『No.1理論』に詳しく書かれております。

古来立派な人、人格者は悪口を言いません。言いたくなるのはわかりますし、実際に悪い人がいるのも事実です。また、部下が仕事に失敗してしまった場合には、とがめたり、悪口を言いたくなることもあるでしょう。しかし、そのようなときも指摘するところはしっかり指摘し、その後は次の仕事がうまくいくように導いてあげることが大切なのです。

嫌味もやめましょう。子どもが勉強をおろそかにしてゲームばかりやっていたら、嫌味の1つも言いたくなるでしょう。それでも嫌味ではなく、愛情を持って諭してあげるとよいと思います。悪口や嫌味を言っても、いい効果は生まれません。

(2)　愛語を語る

鎌倉時代のお坊さん道元禅師の言葉に「愛語よく廻天の力あることを学すべきなり」というものがあります。

「愛語」とは優しい言葉、人をあたたかく包んであげる言葉です。困っている人や暗く落ち込んでいる人には、そっと寄り添い愛語を語ってみてください。「廻天」（かいてん）とは、天が回ってしまうほどの大きな力があるということです。

ですから、人一人の悲しみであっても、共感しつつ愛語を語れば、癒されるものなのです。悪口は相手も自分も不幸にします。逆に愛語は、相手も自分も幸せにしてくれます。

脳内ホルモン「オキシトシン」

脳内ホルモンに「オキシトシン」というものがあります。「幸せホルモン」と呼ばれております。こちらが愛語をかけてあげると、相手はその愛語に感応してオキシトシンが分泌され、癒され、幸せな気持ちになるそうです。更に、その愛語を投げかけた本人にもオキシトシンが分泌されて幸せになれるのです。

私もそうです。悩んでいる方がご相談に来て、悩みを解決しお帰りになるときに、顔の様子がにこやかになっていらっしゃいますと、私は、天にも昇るほど嬉しく感じます。みんなで愛語を語りあいましょう。

(3)「口ぐせ」を活用する

口ぐせを活用することで、幸せになれます。なぜ口ぐせが重要なのかを説明する前に、まず脳の働きについてお話しします。

わかってきた脳の働き

脳には古い脳「自律神経系」と新しい脳「大脳」の2つがあります。古い脳とは、私たちが生きていく上で自然と自動的に動いてくれる脳です。様々な生化学反応を行って呼吸・体温・心拍数・筋肉の緊張や弛緩などを調整してくれています。大まかに言えば、「動物」として生きていく上で必要な脳なのです。

新しい脳とは、言葉・記憶・行為・人格などをつかさどる脳です。大まかに言えば、「人間」として生きていく上で必要な脳なのです。

この自律神経系と大脳はどのような関係を持っているのでしょうか。大脳からの「意志」で自律神経をコントロールして、体温を上げたり心拍数を下げたりはできません。しかし、大脳から発せられる「意識」は自律神経に大きな影響をあたえます。

例えば、皆さん「レモン」を思い出してください。「レモン」を思い出しただけで、唾液が増えたと思います。これは1秒間に3億回前後も起こっている生化学反応がそうさせているのです。

大きな熊に襲われた!?

私はかつて山岳で修行をしていたときに、大きな黒い塊が近くで動いたように感じたことがありました。とっさに熊と出くわしてしまったかと思い、心臓はドキドキして、冷や汗がどっと出てきました。体は無意識のうちに身構えていました。

持っていた錫杖を握りしめ、戦うか、走って逃げるか、死んだふりをするか、熊がどう行動するかそのうごめく黒い物体をジッと注視し続けました。しかし、すぐに大木の枝が風に揺れていてことがわかり、ほっとしました。

これは、瞬時に自動的にアドレナリンという脳内ホルモンが分泌され、運動器官へ血流供給を増加させ、逃げるにしろ戦うにしろ必要となる運動機能を高めてくれているのです。

逆に楽しいことや嬉しいことが起こると、ドーパミンなどの脳内ホルモンが分泌されて、心はうきうきしてやる気がみなぎってきます。例えば、会社で昇進の可能性があると告げられたときは、嬉しいですし、どのようにそのポストの仕事を行うかを自然と考えるなど、とても前向きになります。

「事実」と「想像」の区別がつかない

ここで大切なのが、自律神経系は「事実と想像を区別できない」ということです。幸せな人生を送ろうとするのであれば、この「事実と想像を区別できない」ということを利用しない手はありません。

そこで重要なのが、「口ぐせ」の活用なのです。

口ぐせの幸せ効果は一生もの

人生がうまくいっている人の多くが、前向きなプラス思考の「口ぐせ」の習慣を持っています。自分にとってプラスとなる言葉を日々繰り返すことにより、その言葉によって自分の意識が変わり、行動が変わり、自分を取り巻く環境が変わり、幸せな人生を歩めるようになります。

そして、この幸せは自分だけの力ではないことに徐々に気づき始めるのです。「周囲の方々のおかげ」であることに気づき、自然と感謝の言葉が習慣化されていきます。

よい口ぐせ→ポジティブな意識→ポジティブな行動→よりよい人間関係→幸せな人生→感謝の意識→よい口ぐせ→ポジティブな意識→・・・・という好循環ができるのです。

最初はなかなか習慣化するのは難しいかもしれませんが、1か月、2か月と続けていくうちに意識が定着していきます。優しい言葉を使っている人は優しい人格になっていきます。逆に、激しい言葉、汚い言葉を多用する方は、すぐに怒ったりする人格が形成されます。

おすすめの口ぐせ
・「私は幸せだ」
・「あなたと出会えてよかった」
・「楽しい」
・「私は運がいい」
・「私は若い」
・「何でもできる」
・「嬉しい」

⑷「ありがとう」を毎日10回言いましょう

前項でよい口ぐせを発すれば、幸せになれるということがおわかりになったと思いますが、一番簡単で一番効果があり、一番おすすめなのが「ありがとう」という言葉です。

「ありがとう」とは、「有り難い」であり、本来、「めったにないことで有ることが難しい」という意味でした。転じて、現代では「感謝します」という意味で使われます。

言えば言うほど幸せが降ってくる

竹田和平氏という方がいらっしゃいました。名古屋の方でたまごボーロを製造販売するお菓子屋さんの社長さんでした。「現代の花咲爺」などと言われた人格円満な億万長者です。あまりにお金がありすぎて使いきれないので、自分と同じ誕生日のお子さんに金貨を配ってお祝いをなさっていたそうです。

この方が生前提唱なさっていたのが、「ありがとうを毎日3000回言う」ということです。思うだけではいけません。口に出して言葉として発するのです。

奥さんに、朝食のときにお茶を出してもらったら「ありがとう」。この味噌汁おいしいね、と思ったら「ありがとう」。外の天気が晴れであれば、太陽に向かって「ありがとう」。雨であれば、恵みの雨に「ありがとう」と言うのです。

折に触れて「ありがとう」と言うのです。毎日3000回もよいことがあるわけではありません。ですから、暇なときに、「ありがとう。ありがとう。ありがとう…」とブツブツと言い続けるのです。

他人がいるときに「ありがとう。ありがとう。ありがとう…」とブツブツと言い続けていますと変な人と思われますので、他人のいないときになさるといいと思います。3000回は、30分くらいかかります。

3000回は大変だと思います。ですので、毎日10回言ってみませんか。脳の構造（大脳と自律神経系）から考えても、口ぐせの法則のことを考えても、必ず効果があります。間違いありません。

不幸な人は「ありがとう」が言えない

逆に不幸せな人は、「ありがとう」というと何か敗北した気分になる、相手に侮られるなどと言って、あまりこの言葉を発しません。

かつて、孤独で寂しいと、人生相談にいらっしゃった75歳のおばあさんが、「私はありがとうと言ったことは生涯1度もありません」と言っていました。「それがあなたの孤独な人生の要因の1つではないかと思います。ですから、毎月1回来てくれる息子さんにありがとうと言うといいのではないかと思います」と申しました。その後、「ありがとうと言ってみたところ、初めて、息子と心が通った気がします」と、目を輝かせてお話にいらっしゃいました。

また、社員さん20人くらいの会社の社長さんにおすすめをしました。以来、口癖のように「ありがとう」を言うようにしたら、社員さんたちも言うようになり、会社の雰囲気が格段によくなったそうです。報告・連絡・相談がスムーズにいくようになり、業績がとてもよくなった実例もあります。

「ありがとう」習慣を始めてみる

「ありがとう」と毎日言っていますと本当にいいことが起こります。他の方にもおすすめしたところ、当初始めたときには、奥さんから怪訝な顔をされたということですが、住職さんに教えてもらって、今、実験中なんだよ、と言って理解してもらったそうです。

その方が言うようにしていたら、奥さんも以前より「ありがとう」と言うようになり、子どもたちも「ありがとう」と言うようになったそうです。かくして、家庭が円満になり、いつもにこやかで幸せな家庭を営むことができていらっしゃいます。

私自身も日々生活の中で「ありがとう」と言うようにしております。あまりにもたくさん「ありがとう」を繰り返すうちに、何に対して「ありがとう」を言っているのかわからなくなって、自然の中の1本1本の草木、目の前を飛んでいる虫、目に見えない微生物、自分の身の回りのすべての命、すべてのものに「ありがとう」を言わずにはいられなくなってきたのです。毎日言い続けているからかもしれませんが、日に日に、感謝の念が高まっています。

(5) 自分が発する言葉は自分に返ってくる

脳という器官は、私たちが想像する以上の活躍を見せてくれています。こうしたいと思い、自分が発した言葉を実現するべく活動を始めてくれるのです。

例えば、突然の辞令を受けて引っ越しをしなければならなくなると、今まで外を歩いていてもいつもの光景だったものが、不動産屋さんばかりが目に入ってくるようになります。

また、雑踏の中でも自分の名前を呼ばれると、その音だけは明確に聞き取れるという経験は誰しもしたことがあると思います。

そして、自分と直接は関係なくても他の人の身に降りかかった悲しい出来事を聞くと、悲しくなってきます。逆に、嬉しい話を聞いていると嬉しくなってきます。

ここで大切なことは、脳は、発した言葉や受けた言葉を自分のこととして受け取るものだということなのです。

発する言葉は自分に影響する

脳のメカニズムで申しますと、耳で聞いた言葉は海馬という器官に送られて、その情報は大脳の側坐核という場所を刺激し、何かの行動を起こさせるための命令を送ります。それを受けて自律神経が動き出し、心拍数や体温に変化をもたらすのです。

そのときに、自分のことと他人のこととの区別がなくなり、すべて自分のこととして脳は活動を始めるのです。

例えば、目の前の人に「あなたはいつもお若く見えますね」という言葉を発したとしますと、その言葉を脳が聞いていて、自分のこととして活動を始めます。相手も嬉しくなりますが、言った本人にもご利益があります。

ですから、よい言葉はできるだけ発したほうがいいのです。例えば、「あなたはいつも元気ですね」「優しい方ですね」「あなたは能力が高いですね」「行動力がありますね」「笑顔が素敵ですよ」など、自分にとって嬉しくなるような言葉をたえず言うようにしてください。

しかし、重要なことは「逆もまた真なり」ということです。ネガティブな言葉を発しますと、その言葉を自分の脳が聞いて、そのことを実現しようと動き出してしまうのです。「あんな失敗をするなんて、あなたは馬鹿なの」「能力低いね」「なんでそんな簡単なことができないの」など他人に言う言葉も自分に返ってきます。

口ぐせになっている自分に言うネガティブな独り言もよくありません。「もう年だから」「いつまでも若くない」「ああ、疲れた」「ここのところ、体調が悪くて」「面倒くさいな」などです。これ以外にも、「舌打ち」「ため息」「背中を丸める」「うつむきがち」「眉間にしわを寄せる」という動作も同様です。

否定的な動作、否定的な表情、否定的な感情などは極力避けましょう。

日本語は太古からの特殊な言語

私たちが普段使っている日本語は、世界的にみて特殊な言語とされております。言語学的に申しますと、インドヨーロッパ語族などという歴史的に変遷がたどれる言語とはまったく異なり、この島国の中で独自にできてきた言語なのです。

まだ言葉もなく、文字もない頃の原始人が口から発していた声が、徐々に言葉となり今の日本語となったそうです。ですから、日本語にはよその国からの影響がない中で、大昔の自然を精霊としてあがめていた頃の言葉がそのまま残っている、とされております。

そのような成り立ちの特殊な言語として、日本語は今に伝わっているのです。言葉には力が宿っているとされており、例えば、結婚式では、「忌み言葉」と言われている「別れる」「終わる」などを使わない文化はその名残りとされております。受験生には「落ちる」「すべる」などは言わないようにしますね。

「おかあさん」太古からの深い意味と力

古来、母親のことを「か」という文字を当てはめていたようで、丁寧に表現するために「おかあさん」「お母さま」となっています。少しくだけると「かあちゃん」「おっかあ」などとも言います。

この「か」とは何を表すかと申しますと、実は「太陽」なのです。太陽が「かっかっ」照っていて暑くてたまらない、などというように、「か」という言葉を太陽が明るく人々を照らし続ける意味で使うことがあります。古代の日本人は太陽と母親を近しい存在と認識していたようです。

なぜお母さんが太陽なのかと申しますと、お母さんとは各家庭の太陽なのだという位置づけです。いつもあたたかい雰囲気を醸し出し、その母性本能で家族みんなを包み込んでくれています。お母さんとは、そのような意味があるのです。

「か」一文字に対してさえ、このような深い意義を持つ日本語です。ですから、本来であれば、母親のことは「ママ」などとは呼ばずに「おかあさん」と呼ぶことが望ましいのではないかと思います。

「か」という言葉に力があり、この言葉を使うことによって、尊敬や明るさをお母さんへ発することとなり、お母さんからは、あたたかさや包み込んでくれるような安心感をいただけるのでしょう。

いずれにしましても、私たちが発する言葉を私たちは自分のことととして受け止めます。よい言葉を語りましょう。日本語という特殊な言葉には、太古以来の力が宿っているようです。前向きな言葉を使いましょう。そして、その力をいただき幸せな人生を送っていくようにしましょう。

(6) 陰ぼめをする

「陰ぐち」という言葉があります。その人がいないところでその人の悪口を言い合って楽しむことです。この陰ぐちも前項の「発した言葉は主語がなくなる」「発した言葉は自分に返ってくる」ということがそのまま当てはまります。

陰ぐちを言うということは、結果的に自分を傷つけているということを頭の中に入れておいたほうがいいでしょう。

「陰ぼめ」は幸せを招き寄せる

逆にとてもいいのが、「陰ぼめ」です。その人がいない場で、その人のいいところを褒めるのです。まわりまわってその人に伝わったときのポジティブ効果は、皆さんもご存知の通りです。さらに、よい言葉を発していますから、脳は自分のことととして把握し、動き出しますし、心地よい状態になり、いいことも引き寄せられるのです。

また、「陰ぼめ」は相手のよいところを見よう、見つけようとしますから、心は穏やかにあたたかくなりますので、多くの方から慕われるような人格に変わってくるのです。

この「陰ぼめ」は、毎日1回は行うよう心がけてみてください。思いもよらないほどの大きな良い効果が起こるでしょう。

4　身口意【意】の6つの習慣
――心を進化させて 尊敬されるようにしましょう

ここまでお読みになってきて、おわかりかもしれませんが、この身口意は各要素が非常に密接に関わっております。言葉を発するから意識の中に変化が起こり行動につながることもあれば、意識の変化が行動に現れ言葉も変化していくこともあります。

この変化の基盤になるのは、これからお話しする「意」なのです。

(1)　意の三悪《さんあく》を行わない
(2)　あなたの理想をイメージしましょう
(3)　潜在意識を活用しましょう
(4)　いつも脳を「快」にしておく
(5)　自己暗示をする
(6)　許しましょう

(1) 意の三悪《さんあく》を行わない

「意の三悪」という言葉があります。「慳貪《けんどん》」・「瞋恚《しんい》」・「愚痴《ぐち》」のことです。

慳貪とは

「慳貪」とは、むさぼることです。「千と千尋の神隠し」という映画がありましたが、冒頭部分で人間が食事をむさぼるようにして食べ続け、豚になってしまうという衝撃的な映像がありました。あれはアニメではありますが、実際は、あのような感じで、むさぼっているのが私たち人間なのではないでしょうか。資源にしても食事にしても有り余るほどに確保し、余ったら捨てるようなことがあります。他人のものを奪おうとする人もいます。奪えば奪われるのです。土地を奪うことにより、一時はいいようですが、急死してしまい命を奪われた方もいます。

国のレベルでも同様です。新しい王朝ができて三代目くらいになると、体制が整い、軍事力も精強となります。すると、周辺諸国へ侵略を開始するのです。そして国土を広げ「大王」などと評価されるのですが、その後百年もすれば、国自体が滅ぼされてしまいます。これが人類の歴史です。

むさぼると、結局は奪われるのです。

仏教には「少欲知足」――少ない欲で足りるを知る――という教えがあります。自分の持ち分に感謝して、少ない欲で足りる、満足することを学びましょう。

瞋恚とは

「瞋恚」とは、怒ることです。「瞬間湯沸かし器」などと言われるほど、すぐにカァッと怒る方がおります。すぐ怒る方は、かつていじめを受けていたり弱い立場であったりして、自分を守ろうとする意識が特に強い方が多いようです。1人が怒り始めると、その場の雰囲気が悪くなり、人間関係も崩れてしまい、いつも怒ってばかりいる方は結果的に孤立してしまうことになります。当然、あまり幸せな人生は送れません。怒りは不幸のもとです。

江戸幕府を創設した徳川家康は「怒りは敵と思え」と言っています。幸せを求めるのなら、自分を律する必要があるのです。怒ることはできるだけ避けるようにしましょう。

一方で、生きていると様々なことが起こります。怒りたくなることが10回あったとして、今までは10回とも全部怒っていた方も、それを8回に減らすように努力するのです。5回へ3回へと減らしていきましょう。

どうしても怒らなければいけないときも、心の中で10数えてから、相手の非を丁寧に優しくお伝えするといいでしょう。

愚痴とは

「愚痴」とは愚かなことをすることです。言っても仕方ないことを言って嘆く、いわゆる「グチ」が一般的です。本来は、「心の迷い」「愚かな行い」全般を意味します。

仏教には、「諸行無常」という言葉があります。「すべてのものは変化する」「常に移り変わっていく」という意味です。

どんな大きな組織も変化していきます。かつてソビエト連邦という国がありましたが、崩壊してしまいました。中国も王朝が何回も何回も変わっております。

1588年までは「日の沈むことのない帝国」とされたスペイン。その後世界的な覇権はイギリスに移り、アメリカに移り現代に至っております。栄枯盛衰は必然なのです。

巨大な会社も時代の進展とともに倒産してしまいます。人間の身体も老いていきます。人の心も変化していきます。すべては変化するのです。

それなのに、地位に固執したり、財産に固執したり、子どもに固執したり、自分の考えに固執したり、愛情に固執したりして、不幸になっていくのです。このようなことを「愚痴」というのです。

「愚痴」を克服したある親子

ある大きな病院の院長先生が息子に自分の病院を継がせるために、多忙の合間をぬって勉強を指導していました。学校のテストで90点以下だと、殴る蹴るの暴行を加えていたようです。これは自分の大きな病院を継がせ、その子の人生を幸福な安定した人生にしてあげようという愛情からだったのです。

しかし、ある日のテストで、息子さんの点数は、85点でした。父親から試験の結果を尋ねられると、息子さんはテストの返却は翌日になったと嘘をついて暴行を免れました。しかし、翌日には父親に見せなければなりません。殴る蹴るの暴行が恐ろしくて恐ろしくて仕方がない息子さんは、父親からの暴行から逃れるために、父親を金属バットで襲うことにしました。後先を考えずに計画したようです。

そこまで追い詰められていたのです。静かに父親の寝室に入っていき、金属バットをふりおろしました。しかし、振り下ろす力が弱ったことと、布団がクッションとなり、父親は軽症で済みました。

愕然とした父親は、その日の夜、息子さんと話しあったようです。翌日、実相寺に２人でご相談にいらっしゃいました。

私は「愚痴」のお話をさせていただきました。「子どもには子どもの人生があります。愛情からの発露とはいえ、１つの考えに固執しすぎたことにより、息子さんを刑務所にいかせることになってしまったかもしれないのです」とお伝えしました。

自らの非を悟った院長先生は、以降、息子さんを自由にさせてあげることにしました。息子さんにも、父親の愛情の深さをお伝えしました。「雨降って地固まる」ということわざがありますが、以降、仲のよい親子になれたようで、時には、親子２人で海釣りに出かけるようになったとのことです。

さらによいことは、親子で理解しあってから、息子さんの成績は上がり始めたそうです。

1つの考えに固執せずに生きていくこと、すべては変化していくと考えて生きていくことが、幸せへの道なのです。

(2) あなたの理想をイメージしましょう

人生は航海にたとえられることがあります。皆さんは大きな船の船長であり、その船を操船して、目的の港に到着するのです。自分は自分の人生を主体的に推進させているのだというイメージをもつことが大切です。

自分の人生を幸せに満ちた人生にするか、逆の不幸な不本意な人生にするかは、実は皆さんの生き方次第なのです。自分を取り巻く環境に翻弄されてはいけません。

例えば、夫の収入が少ないから仕方がない、奥さんがヒステリーだから仕方がない、政治が悪いから仕方がない、不景気なので仕方がない、などと現状を悔やみ、時の流れのままに身を任せていては、そのうちに訪れる死に際して思い残すことの多い人生となってしまうでしょう。

航海に例えるなら、目的の港も不明なままに海を漂っているのと同様です。将来的には難破してしまうのです。

どのような人生を送りたいですか?

まず、自分はどのような人生を送りたいのかを明確にイメージしてみましょう。

例えば、

「優しい配偶者と子どもたちに囲まれたあたたかな家庭をつくりたい」

「子どもの頃からの夢を仕事にしたい」

「素敵な人と出会って、最高の恋がしたい」

「孫や子どもたちと頻繁に会って、穏やかに余生を過ごしたい」

「早く帰りたくなるようなマイホームがほしい」

「部下から慕われる管理職になりたい」

「今の会社から独立して社長になりたい」

など、皆さんがご自分で思う理想像をイメージするのです。その通りになることもありますし、途中で自分の興味が変わったり、様々な事情で変化が起こることもあります。

しかし、大切なのは、明確にイメージすることなのです。漫然と生きて、スマホやゲームで時間を浪費して、不平不満の多い人生、不本意なことが多い人生を送っていては、もったいないですね。

紙に書く　写真を用意する　毎日眺める

こうありたいという明確な目標・明確なイメージをつくったら、紙に書くことが大切です。そして、その紙に書いた文字を毎日口に出して言うのです。さらに、その目標をイメージできる写真を用意して、毎日見てください。人生は間違いなくその方向に進んでいきます。

ある方は、転職をする際に目標として年収６００万円と紙に書いて毎日その紙を読みました。面接の際に給料の希望を聞かれ、６００万円と答えたところ、その企業に採用され、紙に書いたとおりの結果となったのです。

また、ある方は紙に目標を10項目書き出し、毎日眺めておりました。年月がたって、引っ越すことになり、片づけをしていたら、その目標を書いた紙が5年ぶりに出てきたのです。驚くことに、なんと10項目の内、８項目が実現できていたのです。

目標を紙に書いて、毎日読む（一時的な中断があっても）という簡単ことであなたの願望の実現は大きく前進するのです。是非実践してみてください。その効果に驚くことになるでしょう。

(3) 潜在意識を活用しましょう

人間の意識には、潜在意識と顕在意識の2つがあります。普段は顕在意識で様々にものを考えながら生活をしています。文章を書いたり、人と交渉したり、カラオケでテレビ画面を見ながら歌を歌ったりしているときは顕在意識が働き行動をしているのです。

一方、例えば皆さんが朝起きたときに眠い目をこすりながら朝の支度をするときには、すでにインプットされている方式で自動的に行動をします。

寝巻のままスリッパをはいてトイレに行き、新聞を取りに行き、太陽におはようと挨拶して、洗面所に行き顔を洗い歯を磨き、着替えを始める、などという一連の行動は潜在意識が行動させているのです。

潜在意識に動かされてしまう

実はこの潜在意識は、私たちの人生の９割を動かしているというのです。海に浮かぶ氷山のたとえでよく語られます。海の上にはちょこんとしか見えていませんが、海中にはその９倍もの氷の塊があるのです。私たち人間は、実はこの９割の潜在意識によって動かされているのです。

簡単に申しますと、ネガティブ思考の方は、何事もネガティブに考えてしまいます。曇り空を見て雨が降るかもしれないと考えます。そこまではよいのですが、たまには天気が悪くて雨が降る日があるということは当然のことなのに、ああ、雨か…今日はよくない日だと、その日は１日中暗い意識で過ごしてしまうのです。

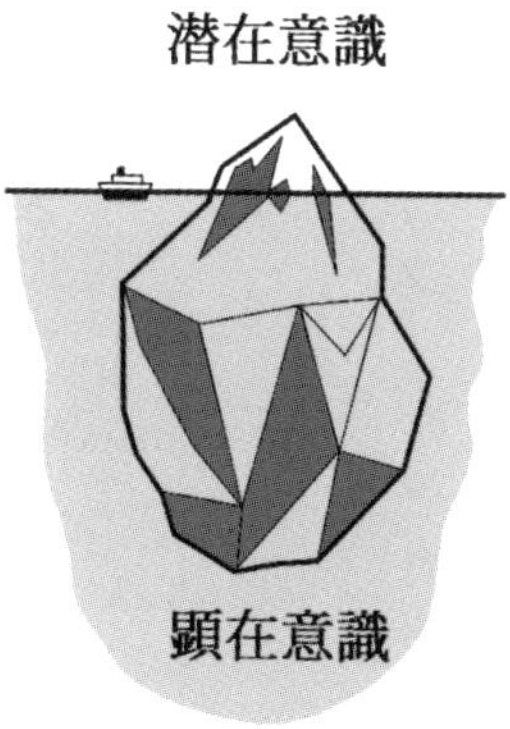

ポジティブ思考の方は曇り空を見ても、雨が降ったら降ったで、庭の植物に水やりをしなくて済んでよかった、と余り意に介さずに、逆にありがたいと考えます。

上司から「残業」を命じられたとします。「せっかく早く帰れると思っていたのに、運が悪い」と考えるか「頼りにされている。来月の給料が増える」と考えるか、同じ「残業」ということでも、人生に大きな影響が出るのです。

自分は幸せになってはいけない

「自分は幸せになってはいけないのです」という方がご相談にいらっしゃったことがあります。母親が夫と子どもを捨てて家出をし、兄からは毎日暴力を受け、躁うつ病を持っており、自分はこれからどう生きて行けばよいのかわからない、というお話でした。

あなたもソフィーかもしれません

『ソフィーの選択』という映画がありました。戦争により潜在意識がネガティブ思考となってしまった主人公のソフィーは、どんなに幸せになれる話が来ても断ってしまいます。その選択をすれば幸せになれるのに潜在意識が邪魔をしてしまい、最後は衝撃的な結末を迎えるのです。潜在意識とは、恐ろしいものなのです。逆に申しますと、私たちを自動的に幸せにも不幸にも誘導していく潜在意識をうまく使いこなし、逆に人生を幸せの方向に進めていくことができるのです。

いろいろな手法がありますが、前項で書いた「明確な目標・こうありたいという明確なイメージ」、また「その写真」を潜在意識にインプットするという手法はとても簡単にできる手法です。

朝晩眺める

潜在意識に簡単にインプットする方法、それは、できるだけ多くその情報にアクセスするということです。

具体的には、その紙やその写真を
①　毎日見えるところに張っておく
②　夜寝るときにそれを読んだり見たりする
③　朝起きたらそれを読んだり見たりする

夜寝るとき、朝起きたときは、眠さでボーっとしていますね。顕在意識が邪魔せずに潜在意識にアクセスしやすくなっているので特に効果的です。

この、3つのことをすることにより、人生は徐々に変化していきます。

テレビの「なんでも鑑定団」で主におもちゃの鑑定をしている北原照久氏も、この潜在意識にインプットするという手法で夢をどんどん叶えていらっしゃいます。その著者『夢はかなう きっとかなう』は少し古い本ですが参考になるでしょう。

(4)　いつも脳を「快」にしておく

ブラックボックスとしてよくわからなかった脳の仕組みが、かつてないほどにわかってきており、様々な部位の働きが解明されています。そして、心を心地よい状態にしておくことがその人の幸せに直結することが、脳科学によって説明できるようになってきたのです。

知覚情報は大脳辺縁系へ入りそして偏桃体という脳内の部位に伝えられます。偏桃体は今までの人生の記憶情報を検索しどのように反応するべきか決めます。

このとき「不快」や「命の危機が迫っている」と判断しますと、自律神経の中枢の視床下部に刺激が伝わり、心拍数が上昇したり、血管が収縮したりして臨戦態勢をとるのです。そしてアドレナリンやノルアドレナリンなどの神経ホルモンが分泌されます。

脳の中が「快」ならば幸せへ

逆に「快」「赤ちゃんを抱っこして幸せ」「会社で栄転して幸せ」と判断しますと、ドーパミンやエンドルフィンやセロトニンなどの脳内ホルモンが分泌され、免疫力がアップし、体力が高まり、外交意欲も向上し、幸せな感情が増幅され、実際に幸せな人生を送れるようになります。犬や猫などの動物を飼っている方は、その動物を「可愛い。可愛い」と撫ぜてあげてください。その動物の脳内から、モルヒネが分泌されます。しかも、撫でている飼い主さんの脳内からも、モルヒネが分泌されているのです。動物を撫でると、何故か落ち着きます。まさに「快い」ですよね。

嫌なことが起こっても心を「快」の方向に向けておくことが幸せにつながっていることは、脳科学の知見からも明らかなのです。

大切なことは、幸せな素晴らしい人生を送りたいと思うならば、「いつも脳を快にしておく」ということです。脳の演算能力は、スーパーコンピュータの５００倍とも言われております。脳をいつも快い方向にしておくことで、次のようになります。

① 快い情報がもたらされ
② 快い事態が発生し
③ 快い環境が生まれる

いつも明るく前向きにして脳を「快」にしておくと、「快」の情報が入ってくるようになります。すると、自分にとって不思議とうまくいく事態がたびたび起こるようになり、いつの間にか幸せな人生を送ることができるようになるのです。

脳というのは、単に思考をつかさどっているだけではないのです。思考を実現するための実働部隊でもあります。別の項目で書きましたが、脳には主語がありません。考えていることを実現するように動き出してしまうのです。

脳の中が「不快」ならば不幸せへ

逆も成り立ちます。脳を「不快」にしておきますと、運が悪くなってしまいます。ですから、ホラー映画や病気の映像や不幸な内容のテレビ番組などは見ないほうがいいですし、不幸な内容の小説や気分が悪くなるような絵がたくさん出てくる漫画は、読まないほうがいいでしょう。

このような不快なものがお好きな方もいらっしゃいますが、そのような情報を入れてしまうと、不幸を実現しようと脳が動き出してしまうのです。脳が心地よくない状態になっているので、うつっぼくなったり、攻撃的な言動をとってしまうことにつながるので、極力避けていただきたいと思います。

私の知人で、英会話を上達させようと、毎日、1つの映画を見続けた者がおります。大好きな映画が、ホラー映画の『シャイニング』でした。毎日見ましたから、セリフは英語ですべて暗記しました。ですから、英会話力は上達しました。しかし、いつも誰かに襲われるのではないかとの脅迫観念を持つようになってしまい、うつ病を発症したとのことです。

これはいけないということで、コミカルで幸せな気持ちになれる作品として『天使にラブソングを』を毎日見ることで心の中を書き換えてはいかがかな、とすすめてみました。

その結果、うつ病はよくなり、現在では幸せな人生を送っています。脳を「不快」にしてしまうことは、本当に恐るべきことです。とにかく、脳の中をいつも心地よい状態にしておくことが、幸せへの道なのです。

(5) 自己暗示をする

自己暗示と言っても、やみくもに自分自身に暗示をかけなさいと言っているわけではありません。仏教においても善因善果ということから、ポジティブなことを考えたほうがいいということはこれまで申してきました。

名著「思考は現実化する」（ナポレオン・ヒル著）でも言われていますが、心に明確に思い描いたことは実現できます。逆に言うと、思い描けないようなことは実現できません。

暗いイメージをもっていれば、暗い自分が実現して暗い人生を送ることになりますが、明るく楽しく前向きなイメージをもっていれば、そのような自分が実現して、人生全体も明るく楽しい幸せな人生を送ることになるのです。

効果的な自己暗示の実例

それではどのような自己暗示がよいのでしょうか。例を挙げると、
・自分は、幸せな人生を送ることになる
・自分は、出会う人に恵まれている
・自分は、やればできる人間だ
・自分は、運がいい、ツイている人間だ
・自分は、仏さまに守られている
などです。

お檀家さんのお話ですが、いつも子どもたちに「お前たちは運がいい」と口ぐせのように言っていたそうです。すると、子どもたちも自分は運がいいというような気がしてきて、何事もうまくいくように感じて、様々なことにチャレンジしていき、会社でも家庭でも人生全般においてうまくいっているそうです。

悪い自己暗示は不幸への道

逆に、悪い自己暗示もあります。「お前はバカだ」「使えないやつ」等と頻繁に言われながら育つと、「自分はバカだ」「自分は使えない人間だ」という自己暗示が生まれてしまい、何事にも消極的になってしまい、人生を楽しめなくなってしまいます。

しかし、自己暗示は今日からでも変えられます。先ほど例示したような「自分は幸せな人生を送ることになる」や「自分はやればできる人間だ」といったようなよい自己暗示をしてください。暗い自己暗示を明るい自己暗示に変えれば、あなたの人生は好転していきます。皆さんも是非この自己暗示を活用してみてください。

⑹ 許しましょう

人生を歩んでいく中で、自分を攻撃する人、自分をだます人も現れます。それらの人をも許して、人生を送っていくということです。

逆のことを行ったら、不幸せになってしまうのです。人の悪口を言ったりしてはいけません。もっと言えば、悪く考えたりするだけでも、脳の構造・機能から考えて、不幸を招き寄せてしまいます。ただでさえ、相手から被害を受けているのに、悪口を言ったり考えたりすることは、自ら不幸を招いて二次被害をつくるのと同じです。

人生は短いものです。日常生活が制限されることなく生活できる期間とされる「健康寿命」という概念があります。自分のことは自分でできる期間ということですね。男性は72歳、女性は75歳くらいです。健康でいられる75年ほどの人生で、そのような無駄な期間を持つことは、一度しかない今回の人生を浪費しているに等しいのです。まさに「宝の持ち腐れ」ではないかと思います。

時間がもったいない

「攀念痴《はんねんち》を持つな」という言葉があります。

この言葉の意味は、人を恨む、憎むという想念をもつことは愚かだということです。

「攀」とはしがみついてよじ登るという意味です。人を恨んだり憎んだりする念は、何かにしがみついてよじ登るがごとくエスカレートしていきます。この思いを持つことによって、悪いネガティブな気持ちを発生させ、自分を不幸へと落としていくのです。「健康寿命」という概念があります。健康上の問題で日常生活が制限されることなく生活できる期間のことを言います。男性は72歳位、女性は75歳位です。現在の年齢から、後、何年自由に動き回れるか計算してみてください。

自由に動ける期間が約30年だとすると、不幸の種を自分に撒いて自分を不幸にする暇はないはずです。ですから、その相手を「許す」必要があるのです。

面と向かって「あなたを許します」と言いに行く必要はありません。あなたの心の中だけで、許せばいいのです。そして忘れてしまい、心の中をいつもポジティブな気持ち、幸せな思いで満たしておきましょう。

首が曲がった初老の男性

実相寺でこのようなことがありました。

「3日前から首が曲がってしまって、痛くてしょうがない。お坊さん、何とか直してくれ」と言ってお寺に駆け込んできたのは、70歳くらいの男性でした。なるほど首が右に20度くらい傾いています。この方は、お檀家さんのご親戚の方で、今までに何回かお会いしたことのあるTさんでした。

「Tさん、首が曲がったり、痛みがあるときはお寺ではなく、病院ですよ。病院に行って治してもらったほうがいいですよ」

「それもそうだ。病院に行くよ。だけど、少し話を聞いてくれないか」

「それでは、お話があるのであれば少し聞きましょうか」

ということになりました。Tさんは何か思いつめているようで、無言でドカッと座っています。

「首の痛さはどれくらいですか。大丈夫ですか?」

と申しましたところ、4日前から急に痛み始めて、そうこうしていているうちに首も曲がってきたんだ、とおっしゃいます。

「どうしたのですか? 何かあったのですか?」

「いや、なぜ首が曲がったかはよくわからないんだが、そういえば、4、5日前に、故郷の新潟県の親戚が死にかけているという話が、風のうわさに乗ってやって来たんだ」

「亡くなりそうなのであれば、亡くなる前に1度は会っておいたほうがいいですね」

「いや、私はそいつの所に行って、落とし前をつけようと思っているんだ」

「え!?　どういうことですか!?」

「だから、落とし前をつけに行くんだ！」

「それはずいぶん物騒なことですね」

なぜ落とし前をつけに行くのですか

それから、なぜ落とし前をつけにいくのかについての話が始まったのでした。

「実は俺は、関東に出てくることなく、新潟で一生生活する予定だったんだ。それなのに、俺が高校1年生のときに、あいつが俺を新潟にいられないようにしたんだ。あいつのおかげで俺の一生はそれから狂いだした。新潟にいれば大きな田畑を持っていた農家の長男だったから、その家を継いで、もっと豊かな余裕のある人生を送れたんだ。埼玉に出てきたから、苦しい生活を60年近く送ることになった。俺の人生をめちゃくちゃにしたその張本人が、死にかかっているという。心安らかに死んでもらっては俺の恨みの心は晴らせない。だから行くんだ。この60年近くに渡る俺の苦渋。俺の苦しみ悩みは、住職さんにはわからないと思う。だけど、この思いを晴らさずにはいられないんだ」

私は言葉を失いました。

私は僧侶としてどうすればいいのだろう。目の前に何をしでかすかわからないほどに怒っている人がいる。一方で、このTさんの60年にわたる恨みの気持ちを、軽々にやめたほうがいいと常識話として止めることはあまりにも安易であり、この人の気持ちに寄り添っていないように感じました。また、その場の雰囲気として、やめなさいと言ってやめるような生易しい感じではありませんでした。恨みを晴らさなければと、目は血走り、今からでも新幹線に乗って新潟に行こうとしているのです。

そこで、これは安易に止められるものではない。新潟に行くか、思いとどまるかは、このTさんにお任せしようと考えました。私は僧侶ですので、次のような話をしました。

恨みを解消する最高の方法

「そうですか。Tさんの恨みの気持ちが、60年近くにもわたる、深い深い怨念であることは、わかりました。軽々しくやめなさいなどとは言えませんね。ただ、1つだけ、恨みに関して、お釈迦さまがお話しになっていることがあるので、聞いてみませんか？」

と尋ねると、

「住職さん、わかってくれてありがとう。お釈迦さまの話とやらを聞いた上で新潟に行こうと思う。それでは、その話をしてくれ」と、Tさんは答えました。

「お釈迦さまは、今から2500年前頃に、インドにおいて仏教を開いた方です。お釈迦さまがいらっしゃった時代にも、恨みからくるかたき討ちのようなことは、たびたび行われていたようです。あるとき、お釈迦さまのもとにTさんと同様に恨みの心で毎日腹が立って仕方がないという方がおとずれました。その方も、こんな不条理なことがあるものか、こんなバカなことがあるものか、とその恨みをお釈迦さまに訴えたそうです。お釈迦さまはその内容をよくお聞きになり、それは大変でしたね、と共感されました。その上で、あなたの恨みを解決する方法があります、と言ったのです。その方法を聞きたいですか、と尋ねると、その方は、はい、是非教えてください、とおっしゃったそうです。

ところで、Tさん、その恨みを解決する方法は何だと思いますか？」

「恨みを晴らすのだから、かたき討ちだろう。やっつけに行くことだろ」

「普通に考えると、そうですね。でも、お釈迦さまは、かたき討ちをしなさいとは言わないでしょう」

「そりゃそうだ。ではなんだろう。お釈迦さまが言うんだから、もっと穏当なことだな？　自分ではなく、他の人にかたき討ちをさせるのかな？」

「違います。さて、なんと言ったかです」

「うーん、わからないなぁ」

「お釈迦さまが、恨みを解決する方法としておっしゃったのは、『忘れなさい』という一言でした」

「えッ!?　忘れろ、と言ったのか」

「そうです。忘れることです」

「60年近く、恨みを抱いてきたのに、忘れるなんてできるわけないだろ！」

「そうですよね。『忘れなさい』と言ってすぐにパっと忘れることなど難しいですよね。でも『忘れなさい』とお釈迦さまはおっしゃったのです」

「忘れろ。忘れる。え!? そんなことできないだろ」

とTさんが、今までに思いもしなかったことを言われ、心の中で驚いている次の瞬間、3日間も曲がっていた首が正常に戻ったのでした。

「あれ、首が戻ったよ。しかも全然痛くなくなったよ！ あれ、全然痛くなくなった！」

「ああ、本当ですね。20度くらい右に曲がっていた首がもとに戻ってますね。よかったですねえ。病院に行かずに、お寺に来て治ることってあるんですね」と私もびっくりしながら申しました。

首が治ってよかった、と話をしながら私は、

「さて、新潟に行って落とし前をつけてくる、ということですが、60年近くの怨念を考えれば、私がこうしなさいなどとご指導できることでないと思います。首が治ったところで、自宅に帰ってもう一度、どうするべきか考えてみるといいですよ。最後は、ご自身でお決めください」と言ってその場は終えました。

怨念は身体を害する

人の怨念は、その人の身体に悪影響を及ぼします。Tさんは60年来の恨みを晴らそうという怨念

により3日間首が曲がってしまいました。しかし、これは軽いほうで、中には胃に穴が開いてしまう方、さらには胃がんになって亡くなってしまう方もいます。ただでさえ、その被害を受けているのに、怨念を持ち、その恨みが昂じて結局自分の命を落としてしまうこともあるのです。恨みの心というものは、恐ろしいものですね。

また、恨むという意識を持つと運が悪くなります。いつも心に「わだかまり」があるのですから、溌溂としたポジティブ思考を行うことはできません。運が悪くなり経済的にも肉体的にも人間関係の上でも不本意な人生を送ることになるでしょう。人生がもったいないですね。

「まこと、この世においては、怨みに報いるに怨みをもってしたならば、ついに怨みの息（や）むことなし。怨みを捨ててこそ息む。これは永遠の真理である。」

（ダンマ・パダ5偈）

と、お釈迦さまが教えてくださっています。

さて、Tさんは、その後どうなさったのでしょう。

あれから、毎月1回、実相寺の本堂に来てお賽銭をチャリンと投げ入れてお参りをなさるようになりました。どうやら、「新潟行きのかたき討ち」は取りやめたようです。

自分の心にマイナスの気持ちを発生させてくるような人は、あなたにとって疫病神です。疫病神に関わっている必要はありません。そのような悪い人は、あなたが報復しなくても因果応報で不幸になっていきます。こちらの手を汚すことはないのです。

5　人格を高めることが幸せへの道
──善きことをたくさんすれば善きことが自然とたくさん生じるのです

人格を高めることがあなたを幸せに導きます

人格を高めるなどということとは、お坊さんや孔子の論語の世界の話だと思っている方も多いと思います。実は、違います。人格を高めた方が、幸せになれますし、幸せが持続します。聖人君子になれなくても、その方向へ努力することが、結局は自分の幸せにつながるのです。

人格の高い人のところには、富も健康もよい人間関係も幸せも集まってきます。「ありがとう」と人から感謝されるようなことをすると、お金や健康、幸せに形を変えて自分のところに戻ってくるように、「人格の高さ」も同様の効果があるのです。

人格の向上を人生のテーマに

私の知り合いの中でも、特に能力が高く弁舌にも優れている方がいました。会社も発展してその能力に合わせて徐々に大きくなっていきました。

しかし、自分の学歴にコンプレックスを持っていたのか、自己承認欲求がとても強く、自分はできる人間だということを周囲に認めてもらいたいという意図から、社員さんはもとより同業の社長さん方や家族をいつも見下している方でした。

自分はできるんだとばかりに、周囲に対して横柄で、自慢話が大好きでした。「あなたは今までどの程度の仕事ができたのですか」「その程度ですか。全然できていませんね」と意味もなく論争を吹っかけるときもありました。本当に典型的な傲慢な方でした。

こんな方もいるのだな、世間様を知らないなと思い、謙虚でいたほうがいいですよ、本を読んで自分の人生の参考にしてみたらいいですよ、と時々お伝えしていたのですが、自分には自分の考えがある、と言っていつもの不遜な調子は変わりませんでした。

傲慢は不幸への道

傲慢な方は、いつか教えられるときが来ます。大きな不渡りをつかまされてしまったのです。結果は、倒産でした。

銀行は、当然貸してくれません。同業者は、それ見たことかと非常に冷たかったようです。社員もすぐに他社へ移り、いつも馬鹿にされ冷たくあしらわれていた奥さんは一緒にいる必要もなくなったので離婚を申し出て、子どもたちを含め家族はバラバラになってしまいました。

能力の高い方であればこそ、人生の調子がよいときに人格を高め、社員さんたちを大切に育成し、周囲の同業者さんとも関係を深め、言葉を慎み、徳を積んで「穏やかで立派な方」と言われるような人物になるようにしなければいけなかったのです。

それを自分の能力の高さに慢心してしまい、周囲を見下していたことがこのような事態を引き起こしてしまったようです。

失敗したら改善すればよい

倒産してから実相寺に来られ、「松永住職に指摘を受けていましたが、本当に当時は周りが見えていませんでした。今から考えてみると本当に傲慢でした。あまりにうまくいってしまうので、調子に乗っていたのです。私もまだ40歳代ですので、年が明けたら、再起を図るため、起業しようと思っています。法話の会などで多くの方に傲慢は結局自分の身を滅ぼす、と私のことを例話にでもして伝えてください」と語っておられました。

翌年、心を入れ替え起業したところ、元々実力がある人だったので、現在復活を遂げ始めています。感謝の心・誠実さを基本に頑張っていただきたいと思います。

「宿命」と「運命」と「因果応報の法則」

「宿命」と「運命」と「因果応報の法則」に関してお伝えしたいと思います。

「宿命」は、動かすことができない、受け入れざるを得ない定められたことです。例えば、自分の両親から生まれたこと。その国に生まれたこと。その環境で育ったことなどです。変えようがありません。

運命は変えられます

「運命」は、自分で考え、行動を起こすことによって変えることができます。その運命を改善していこうと思ったときに、その手法として大切なのが「因果応報の法則」なのです。

この「運命」と「因果応報の法則」は、互いに関係しあいながら、影響しあいながら私たちの人生をつくっていくのです。

よき方向に改善しようとするのなら、よい原因を積んでいくことが大切です。

中国であった実話

中国の古典『陰隲録《いんしつろく》』に、袁了凡《えんりょうぼん》という方の話が出ております。中国の明時代の人で、日本では江戸幕府二代将軍徳川秀忠の頃です。

この方は医学を志し勉強しておりました。あるとき、ほほ髭の立派な仙人のような老人が訪ねてきて、「あなたは医者になろうとしているが、役人になります。1次試験は○番で合格し、2次試験では○番、3次試験では○番で合格しますが、本試験は合格できません。本試験の前に若くして地方長官になるでしょう。結婚はしますが子どもには恵まれません。53歳で死亡する運命です」と予言されます。

その後の人生はその老人の言った通りの人生でした。役人になり、試験の合格順位もことごとく当たり、若くして地方長官にもなれました。驚くほど当たるので、自分の寿命は、53歳だろうと覚悟を決めておりました。

ある日、雲谷禅師という高僧がいる禅寺にお参りし、3日間坐禅をしました。雲谷禅師は「あなたはお若いのに素晴らしい座禅を組まれる。達観なされている。一体どこで修行なされたのかな」と尋ねました。これに対して袁了凡は「私は、子どもの頃に仙人のような老人にこう予言され、まさにその通りの人生を歩んできました。ですから私は53歳で死ぬので、思い悩むことは何もないのです」と答えました。

すると、雲谷禅師は一喝しました。「悟りを開いた素晴らしい方かと思ったが、とんだ馬鹿者であったか！」

そして、「その仙人のような老人は、運命を伝えたかもしれないが、運命は変えることができる。善いことをすれば善い運命に。悪いことをすれば悪い結果がおとずれる。さすれば、あなたは善い思いを起こし、善いことをたくさんなさりなさい。運命は好転していきます」と説きました。

善いことをたくさん行った結果

それを受けて、袁了凡は「自分は間違っていました。禅師に言われたように、今後は善い行いをたくさん行ってまいります」と答えました。その後、この方は、合格できないと言われた本試験に合格してさらに出世し、授からないと言われた子どもにも恵まれ、53歳で死亡すると言われましたが、73歳まで生きたのです。

そして、68歳のときに息子に「なあ、息子よ、人生とは善い行いを積むことで、よき運命へと変えられるのだよ。だから息子よ、善い行いをたくさんしなさい」と『袁了凡先生四訓』という書物を残したのでした。

善行により運命は好転し、幸せな人生を送ることができるのです。

運命は改善できます

同様の寿命を延ばせた、というお話は、つい最近の日本にもあります。経済界の巨人、稲盛和夫氏です。インドの有名なヨガ行者が日本にきたときに、5分ほど脈診をしてもらったそうです。「あなたは小学生の頃に結核になりましたね。それは右肺でしたね。肺浸潤でしたね。今は、頭の半分に時折激痛が走りますね。今は、健康で大丈夫ですよ」と診断され、それがことごとく当たっていて唖然としていたときに、80歳くらいまで生きますよ」と軽く言われたそうです。

しかし、京セラを起こし世界的な企業に育て上げ、その経営手法を伝えるために盛和塾という経営研修の会を立ち上げ若手経営者を育成し、また、第二電電を成功に導き、90歳まで元気でご活躍になられました。

真夏のボランティア活動

また、このようなお話もあります。

実相寺のお檀家さんのKさんは、毎月のようにお墓参りをし、ご先祖さまを大切にされる心優しい奥さんです。あるとき、「住職さん、私、乳がんの疑いがあると診断されてしまいました。ステージは2ということで、切除すれば命は大丈夫だそうです。でも、がんと決まったわけではなく、再検査することになっています」とお話しになりました。

Kさんは、約1か月後に開かれる子どもたち対象の1泊2日の修行体験（サマーステイ イン 実相寺）で、運営ボランティアをしていただけることになっていました。

私は、「それは大変なことですね。心の準備もあるでしょうし、また酷暑の中での運営ボランティア活動も大変でしょうから、サマーステイでのお手伝いはしなくていいですよ。自宅でゆっくりしていてください」と申しました。

すると、「ありがとうございます。しかし、家にいても気がふさぐだけです。子どもたちと一緒になって騒いでいたほうが楽しいですし、徳も積めると思います。是非お手伝いさせてください」とおっしゃいました。それでは、ということで、お願いをすることにしました。

サマーステイの当日がまいりました。朝8時頃ボランティアさんたちが集まってくる中、Kさんもおいでになりました。朝の打ち合わせが始まる前に、私のそばにスッと寄ってきて「再検査の結果、やはり乳がんでした。

でも、家にいても仕方がないので、1泊2日の間、お手伝いさせていただきます。サマーステイが終わったら、5日後に切除の手術を受けます」ときっぱりとおっしゃいました。

サマーステイでは、Kさんは、本当に献身的に先へ先へとお手伝いしてくれました。活き活きと楽しそうに大活躍をしてくれました。2日間が無事に終わり、お帰りの際、「それでは、住職さん、5日後に切除してきます」と、何か他人事のようにさばさばとした感じでお話しになり、帰宅していかれました。5日後、Kさんがひょっこり、実相寺に来られたのです。

「Kさん、今日は手術の日ですよね。もう退院されたのですか？」と尋ねると、驚くべきことがKさんの口から発せられました。

ガンが消えた！

「がんが消えたのです。手術の直前に、もう一度がんの部位を特定し転移していないか調べてみます、ということで再々検査を行ったのです。しかし、『がんが消えてしまっている。医学的にはあり得ない』と先生たちがおっしゃっていました」と嬉々としてお話ししてくださいました。

「先ほど退院して、家に帰る前に、実相寺さんに報告に来ました。住職さん、本当にありがとうございました」とおっしゃるので、私は「この奇跡は、Kさんの日頃のお墓参りの積徳とサマーステイでの善行の力だと思います。それにしても、よかったですね。本当によかった」と手を取り合って喜び合いました。Kさんも、善い行いを積むことで運命を改善できたのです。

このように、運命は、いくらでもよくできます。無私の善行により、私たちは幸せな人生を送ることができるのです。

内面を高めましょう

善行には、外に対する善行と自分の内面を高める善行の2つがあります。外に対する善行は、いわゆる菩薩行・利他行です。簡単なところでは、座席を譲ったり、ボランティア活動をしたりすることです。

一方で、継続的に幸せな人生を送るためには、内面を高める善行が必要です。若い頃から頑張って、それなりに幸せや成功を築いたとしても、その後、さらに発展していこうとするならば、どうしても周囲の方々との協調や周囲の方々からの推薦、また、先輩・同輩・後輩から一目置かれることが必要ですし、家族や友人からの協力が必須です。そのときに光ってくるのがあなたの人格であり、あなたが今まで積んできた見えない善行なのです。大体同じくらいの方々が横並びに並んでいるときに、首一つ抜き出るには、人柄がものをいうのです。

世の為 人の為

稲盛和夫氏は、何か事を起こそうとしたときに「動機善なりや、私心無かりしか」と自問してから行動に移ったそうです。この人格の高潔さが、一度倒産してしまった日本航空の再建の原動力となったのです。社員の方々も、国のため、国の航空行政のため、日本航空の社員さんのために無報酬で粉骨砕身する、無私の稲盛和夫氏の志の高さに対して、大同団結をして、納得して日本航空再建へと共に進んだのでした。

これは晩年のお話ですので、みなさんが同じ境地に達しなければ、幸せになれないなどということではありません。氏は、たくさんの困難・逆境にあってきて立派な人格を形成されました。私たちもこの道を歩むことにより、幸せな人生を実現することができるのです。

逆境・試練は人格向上のチャンス

人は逆境・困難・苦難に遭遇すると、ともすれば他者の責任にして自分を正当化し、そこから学ぼうとしません。困難や苦難や逆境は仏さまが私たちに与えてくれたプレゼントです。いま、あなたに足りない所を示し、より高次元に引き上げるための試練なのです。

試練に遭遇したときに、その苦しさ・恥ずかしさに負けてしまい世を恨み、人をねたみ、不平不満をかこち、一生を暗くつらいものにしてしまう方が多いようです。試練というプレゼントが与えられたら、「待ってました」とばかりに真正面から受け止めて、自分を向上させるチャンス、この試練から仏さまは何を学べとお考えなのか、という方向で考え、感謝をしつつ明るく前向きに素直に努力を行うのです。最終的に、その人の幸せを約束してくれるのは、人格なのです。

「働く」は「傍楽」（はたらく）

キリスト教の聖書には、アダムとイブが禁断の木の果実を食べた罰として労働の苦しみを与えられたとされております。そう考えると労働をしている人は罰を受けている人となります。この聖書の考え方が、欧米・キリスト教文化圏の労働に対するとらえ方なのです。お金持ちになって、早く引退することが労働の苦しみから解放されるということで、美徳の1つとされているのです。

日本の「働（はたらく）」

一方、日本は、労働・働くということをどのようにとらえているのでしょうか。

働くということは、「傍楽《はたらく》」「はた（傍）を楽にしてさしあげる」という言葉からきていると言われています。自分が働くことにより、周囲を楽にしてさしあげるという、あたたかい思いから発した言葉です。そして互いに働き、互いを楽にしてさしあげるという互助の精神があるわけです。つまり、互いに感謝しあう精神が宿っているのです。そして、その働く中から、互いをさらにおもんぱかり、よりよくしてさしあげようという精神から、おもてなしの心が生まれます。それが、真心で対処しようとする心につながり、自身の心を磨くことにつながっていきます。

ですから日本においては、働くことは自分の心を磨くことなのです。日本では、働くことは単に労働の対価として賃金をもらうということの他に、働くことを通じて自分の心を磨こうという意味もあります。欧米・キリスト教文化とは少々異なるようです。

> キリスト教文化圏は、「労働は罰としての苦しみ」
> 日本文化圏は、「労働は、傍を楽にし、自分の心を磨く手段」

はたを楽にしてあげる

どちらが正しいとか間違いなどということではないのです。サッカーのワールドカップで、試合終了後に選手のロッカールームを勝っても負けても綺麗に整理して、感謝の言葉を置いて後にする日本文化の源は、実は「傍楽―はたらく」からきているのです。このような素敵な文化をもつ日本に生まれて、私は本当によかったと思います。

おもてなし

はたを楽にしてあげる文化がさらに洗練されて、「おもてなし」の文化に高まったのです。東京オリンピックを招致するときに、プレゼンテータの方が「お・も・て・な・し」と言いながら、是非、オリンピック会場は東京にお願いします、と説得して以来、世界の共通語になった感があります。

おもてなしの語源は、モノをもって成し遂げる、ということから来ております。モノで成し遂げるのですが、モノを置いておけばそれで終わりということでは、成し遂げられません。お客さまがいらっしゃるその空間において、相手のことを察して気づかうことが大切です。今、お客様はどのような状況にあって、どのような思いをしていて、何をすれば喜んでいただけるか、このことを察知して、対処するのです。

心の中は表裏なく、そのおもてなしを行う自分もそのおもてなしをすることを楽しむ、お客様の寛ぎが、自分の喜びとなるというところまで昇華すると本物です。

かつてアメリカに行ったときに、ホテルの部屋で盗難にあいました。フロントに連絡をして、係の者が私の部屋にまいりました。そのときに、その盗難対処係の人は、この度は大変でしたね、という態度ではなく、初めから、私が自作自演の犯人であるかのような感じでした。

日米で文化が異なっていていいのですが、おもてなしなどという概念は全くなく、日本が恋しくなったのを今でも覚えております。

この第2章の知識は、人生を幸せにしていく上でのプラチナチケットです。色々な観点から、仏さまに守られるための方法をお伝えしてまいりました。知っていても実践しなければ、意味のないことです。

どれか1つでも実践し、習慣にしていただければ、半年後には幸せを実感できるようになるでしょう。

ここまでは、仏さまから守られるための生き方、心構えについてお話ししてまいりました。

大きな効果があります。是非ともご活用ください。

次の第3章は、もう少し深めのお話となります。そのため、幸せへの効果は大きなものとなります。それでは、読み進めてみてください。

第3章　最高の人生へ
―仏さまと直接結びつきましょう

1　なぜ　あなたは生まれてきたのでしょうか
―人生に迷ったら自分の生きている理由を考えてみましょう

第1・2章は受動的な守り

仏さまは、この世の中をよくしていきたいとお考えです。そこで、あなたが第1章と第2章でお伝えした35項目を実践していくと、仏さまから「この世の中をよくしてくれてありがとう」とばかりに、守っていただけるのです。

つまり、あなたの習慣を変化させていくことにより、ご褒美として守っていただけるということです。いわば受動的な守りとなります。

この部分だけでも、素晴らしい人生を送ることができます。35項目すべて行えば結構なことですが、人によって生活環境も考え方もまちまちですので、できる項目から実行してみてください。半年後には、人生が急にうまく回りだしたかな、と体感されることでしょう。

第3章は能動的な守り〜仏さまとあなたが直接つながる

この第3章では、仏さまと直接的につながる手法を仏教の立場からお伝えしたいと思います。前章までの35項目は、例えば学校の先生が優等生に対して、あなたはいい子だから、目をかけてあげようというイメージです。先生1人に対して生徒は多数いますから、いわば「1対多数」での守りということです。

第3章は、直接先生に話しかけ、質問したり意見を言ったりすることで、先生との交流の中で、先生からマンツーマンで指導してもらえるというイメージです。先生1人に対して生徒1人が直接話しかけるのですから「1対1」での守りということになります。いわば、皆さんから働きかける能動的な守りとなります。

ですから守っていただけるというよりも、守りの力が直接的に現れるという状態になります。時には奇跡的なことも起こるようです。

なぜこの世に生まれて来たのでしょう

「1対1」の関係を構築するにあたって、まず明確にしておきたいことがあります。それは、私たちがこの世に生まれてきたのはなぜなのか、ということです。

このようなことは考えたこともないという方もいらっしゃるかもしれませんが、「なぜ、自分はこの世に生まれてきたのか」ということを時には考えていただいたほうがより充実した人生、より幸せな人生を送ることができます。

「なぜ、自分はこの世に生まれてきたのか」について結論を申しますと、

「順境も逆境も仏さまが与えてくれた課題と受け取り、人格を高める方向で受けとめ、乗り越え、

自分を向上させていく。そして、そのような人生を何回も繰り返し（輪廻転生）、さらに自分を高めていく。最終的には、すべてを受容できるようになり、仏さまと同じ境地、すなわち『悟り』を開く」

ということなのです。

「悟り」は難しくありません

悟りを得るなどと言うと、難しそうに聞こえますが、そのようなことはありません。

今の私たちの生活に当てはめて考えてみますと、「穏やかな人生をまっとうする」ということなのです。

仏さまは、「生きている私たちがいかに幸せに生きていくか」をご生涯のテーマとして多くの方々に語りかけました。仏さまが教えを説いたのは、２５００年前のインドの人々です。文化水準もそれほど高いとは思えません。少なくとも現代の日本よりは低いでしょう。

そのインドの人々に対して、座禅をしてやっとわかってくるような深い深い「悟り」の境地を説いていたら、おそらく誰も理解できず、仏教は広まらなかったと思います。

「悟り」の根幹とは、「少欲知足」です。少ない欲で、足りるを知る、ということです。広く多くの民衆が、生活実感の中で、「少ない欲で足りるを知る」ことで幸せになれる、と肌で納得できたから、２５００年後の現代の日本でも連綿と伝え続けられているのです。

少ない欲で足りるを知れば、幸せな人生を送れます

仏教というと、無欲になり、すべての執着を捨てなければならない、というイメージがあります。実際にそのような教えもあります。様々な教えがあります。

仏さまは「人を見て法を説け」という方針で、その人その人に合わせた教えを説きました。あまりに強欲で、その強欲さゆえに不幸になったと嘆いている人には、無欲を説きました。日々修行に明け暮れ、頑張りすぎている修行者には、ほどほどに修行をするように諭しました。命に対する執着が強い人には、永遠に生きる人はおらず、命はそのうち終わることを説きました。地位に執着が強い人にはその地位はいつかなくなることを説きました。

人によって悩み事は千差万別なのです。それぞれの人に合わせた多くの教えが仏さまによって語られました。

その教えが整理される中で、無欲・無執着などのストイックな教えが主流になって伝わっているだけなのです。

執着は不幸のもと

皆さんも、子どもに対する執着が強すぎると、つまり干渉しすぎると、子どもが離れて行ってしまうことはご存じのとおりです。我が子ですから期待しているのはよいのですが、あまりに期待をかけすぎると、親子断絶ということも起きてしまいます。

財産やお金も同様です。財産やお金はたくさんあればいいかもしれませんが、それにあまりに執着し過ぎますと、様々な軋轢が起こってきます。命の危険にさらされることもあるでしょう。

地位も執着しすぎると、とても苦しくなります。すべては変化していきます。国や会社などの組織も永遠に続くことはありません。にも関わらず、地位を追い求めるのは不幸の元です。

命にも執着しすぎない

命も同様です。長くて100年程度の人生です。残念ながら、必ず「死」は訪れます。逃れることはできません。命がある期間、生きている間に、どのように生きるかが大切なのです。長生きしたいということも結構です。

しかしせいぜい120年がよいところです。120歳の頃には、自分の子どもも亡くなっており、友人もおらず、身体も不自由になっているでしょう。ベッドから起き上がることもできず、視力も衰え、認知症も進み自分が誰だかわからなくなっているでしょう。

人によって考え方は様々ですから、何歳まで生きたいかは、各人の考え方でいいですが、いつかは死が訪れますので、あまり執着しないほうが幸せな人生を送ることができるでしょう。

少ない欲で足りるを知れば、幸せな人生を送ることができます。このことを仏さまは、2500年前の多くの人々に説いて回りました。このことが自然と人生の中で実践されることが「悟り」なのです。それほど難しいことではないと思います。

輪廻転生について

輪廻転生など信じられない、神仏と同じ境地になることなど考えてみたこともないし、そのようなことには興味がない、などという声が聞こえてきそうです。私もかつては同様でしたので気持ちはわかります。

ですから、輪廻転生や神仏と同じ境地などということを今すぐに受け入れることはありません。最終的段階に至っても（つまり皆さんの人生が終わりを迎えるとき）、受け入れられなくても構いません。

そのような考え方もあるのだな、そのような考え方で生きていくと人生はうまくいくのかもしれない、幸せな人生を送れる、というくらいの知識として知っておいていただければ、それでいいのだと思います。

三途の川を渡りそうに

人は、死を免れることはできません。必ず死は訪れるのです。

死後、すべてがゼロになり何も残らないと言う方もいますが、私は霊魂は不滅だと思っています。

私の父はある病気で入院したことがあります。そのときに脳梗塞を起こしてしまい、死にかけたことがあります。結局は生還したのですが、その脳梗塞を起こしたとき、私たち家族が枕元でかたずをのんで見守っていた間に、父は花園を歩いていたそうです。

とても気持ちがよく健やかな気分でいたところ、川が見えて来ました。なぜかその川を渡らなくてはならないと思い、橋を探していたそうです。

しかし、橋はありませんでした。仕方なくそれでもウキウキした気分で歩いていると、遠くに橋が架かっているのが見えました。少しずつ近寄っていくとその橋の向こう側に人が数名立っているのが見えたのです。

誰かなと考えながら、その橋のたもとに着き、あらためて対岸の人を見ると、なんと自分の死んだ父親が怖い顔をしているではないですか。渡らねばならないと考え、渡ろうとしたその瞬間に死んだ父から「ここに来るのはまだ早い！」と大声で叱られたそうです。

「えっ！」と思った瞬間に急に苦しくなり、気がつくと私たち家族がベッドの周りで意識が戻るように大きな声で呼びかけていたのでした。

いわゆる臨死体験です。脳の機能が数分停止してしまっているような状況でも、意識は残っているようです。霊魂という言葉でなければ、意識体というものなのでしょうか。霊魂にしろ、意識体にしろ、死後もしっかりと存在しているのです。

仏教で説く輪廻転生

私はお坊さんとして、皆さんに輪廻転生について説いております。「輪廻転生？」とお思いになるでしょう。お釈迦さまは直接的に「輪廻転生」とはお話ししていませんが、輪廻転生があるものとして語った場面がお経の中に記されています。

若いお釈迦さまが信徒の皆さんに法話をしているときに、年老いた方から「いつぞやは素晴らしいご法話をありがとうございました。大変お世話になりました」と、ご挨拶を受けるのです。その場で法話を聴聞していた信徒さん方は、「この老人とは今まで一度もあったこともないし、若いお釈迦さまがどうしてこのような老人に感謝されるのですか？」と尋ねるシーンがあります。

そのときにお釈迦さまは、「前世においてこの老人に法話をしたのですよ」と、お答えになるのです。

お経には、輪廻転生という言葉は出てきませんが、輪廻転生を当然のこととしてお話しになっています。死後、所謂あちらの世界で過ごし、またこの世の赤ちゃんの肉体に入り込みその霊魂・意識体がこの世に出てくるという輪廻転生を繰り返すと仏教では説かれています。

あの世に持って行けるものは？

次の人生に持っていけるものは何でしょう？

前の人生で獲得したお金はや地位は当然持っていけません。何を持っていけるのかと言えば、前世で積んだ徳、そして、培った人格とされています。

ですから、この世で、人格を磨く方向で試練を克服し、働くことを通じて心を磨き、その中で幸せな人生を歩むことは、実は次の人生の幸せにつながる生き方なのです。

お経本に書いてあるからといって信じられるものではないと思いますが、逆に言うと、家族にまた来世で巡り会えるかもしれないと思うと、輪廻転生があったほうがいいと思いませんか。

実際、お寺で過ごしておりますと、頻繁にではございませんが、ご相談にいらっしゃった方から、行ったことのない場所の記憶があるなど、どうも生まれ変わりのようだといったお話や臨死体験のお話を伺うこともあります。普段意識することはなくとも、そんなこともあるのかなという程度で考えていただければと思います。

すべての事がらを受け入れる

人生には色々なことが起こります。嬉しいこと楽しいこと、思ってもいないくらいにうまくいってしまうこともあるでしょう。逆に悲しいこと理不尽なこともあるでしょう。

人生には3つの坂があると言われております。上り坂・下り坂、そして「まさか」です。想定外のことが起こるのです。

人生は「まさか」の連続

例えば、会社で管理職に自分が昇進することが決まっていたのに、実行力が劣りやる気もない人物に奪われてしまうことなどもあるでしょう。突然の事故や突然の病、突然の裏切りなども起こります。

うまく進んだことや、よいことはそのまま受け入れればいいでしょう。しかし、悲しいことや逆境に関しては、どのように対処するかによって、その後の人生の展開に多大な影響があります。

夫婦仲があまりうまくいっていないのであれば、相手が悪いと言う前に、自分自身の言動で直すべき部分はなかったのかを考えてみてください。そして、寛大な気持ちとなり相手と話し合うなど、こちらの言動を直してみましょう。

または病気になったとき、奈落の底に落ちていくような気持ちになるでしょう。つらいでしょう。ですが、病気の事実と向き合い、これからどう生きていくか、家族とどう向き合うか、今後の人生で後悔を残さないようにどう過ごしていくのかを考えることがあなたの人生を変えます。

1回1回の人生を大切にする

つらい中でも諦めずに人生に向き合っている人を仏さまは見ておいでです。多くの人は他人のせいにしたり、社会が悪いのだと考えて、自分の責任として受け止めないことが多いのです。他のせいにしていては、そのことからの学びは皆無です。

不合理なこと理不尽なことが起きたのは、偶然であると思うことも多いでしょう。しかし、そのようなときこそ、自分自身を振り返り、自分自身がこの後の人生をどう生きていくかを考える機会となるのです。

逆境や失敗は天が与えてくれた自分自身を成長させる課題です。真正面から向き合い、その課題から学び取ることが大切です。

焦ることはありません。今からゆっくりと、この考え方に基づき生きていきましょう。今回の人生で100％できなくともかまいません。次の人生もあります。1回1回の人生を大切にしながら、心を高めてまいりましょう。

最初は、大変だと感じるかもしれませんが、徐々に周囲から、人格者と認められるようになり、同時に人間関係はスムーズとなり、健康に恵まれるようになるのです。

自分の人生をどのような人生にするのか、思い描きながら、目的・目標を明確にして生きてまいりましょう。

よいことも悪いことも人生で起こる様々な事象を、天が与えてくれた心を高める課題と受け止め、他を責めることはせずに自分の心を高める方向で対処しましょう。

そして、人生が終わったときには、ありがとうと感謝の気持ちで終え、次の人生へ、輪廻転生へと進む。

この生き方が、仏教的な生き方であり、穏やかな幸せへの生き方の本質なのです。

2　なぜ　あなたを幸せにしたいのでしょうか
―この世の中を浄土にしましょう！

なぜ人を助け続けているのか

私は、埼玉県川口市の日蓮宗寺院、実相寺の住職です。

25歳の頃よりご相談を受け始めたと申しましたが、なぜ、35年間もの間、ずっと悩み相談を受け続け、皆さんに幸せになっていただけるよう、寄り添い、そして手法を探求し続けているのかをお話しさせていただきます。

それは、「この世の中を浄土にする」という僧侶としての使命があるからです。

皆さんも、「極楽浄土」という言葉はご存知かと思います。仏教といえば、死後、お花が咲き乱れる豊かな世界、仏さまが住まわれる世界である「極楽浄土」に行けるという教えがあるということは、なんとなく耳にしたことがあると思います。

しかし、私は、日蓮宗寺院に生まれ、「法華経」というお経の中で、この世を浄土にしましょうという教えがあることを知りました（これを「仏国土顕現」といいます）。

これには驚きました。死後、極楽浄土に行って幸せに暮らそうと考えるのではなく、早速、今、この世を浄土にしようというのですから。

死後ではなくこの世です

人生100年時代です。せっかくなら今生きているうちに、この世を幸せな世界に変えようではありませんか。悩みを抱えた方、皆さんに、精神的にも、肉体的にも、経済的にも幸せになっていただきたいのです。

僧侶として世のため人のために貢献しようと思うに至ったのは、いつかと申しますと、大学卒業後、日蓮宗の大学でさらに2年間仏教を体系的に学び終え、24歳で修行場に入る2週間前のことでした。

父である先代住職が胃がんを患っていることが発覚し、ステージは「4」で末期。私が修行場に入る当日が生存率を高めるための手術日に決まったのでした。先代は自分自身とは性格もまったく異なりますが、法話や会話のうちに多くの人を救ってきた僧侶でありました。

そのとき、自分自身の生まれてきた意味に気づいたのです。先代とは異なるやり方でも、多くの方を幸せにしたいと意志が固まったのでした。

私たちが生きているこの世の中を浄土にする

日蓮宗の考え方のお話ですが、1人ひとりが達成できたなら、次は10人の人たちの幸せを達成しましょう。

そしてその幸せになった人たちのコミュニティーをさらに大きくし、100人の人たちの幸せを達成してまいりましょう。

さらに、幸せな人を増やし、1000人の人たちを幸せに、と幸せの輪を広げていき、最終的には、この日本そしてこの地球を幸せな人たちで満たしましょうという考え方です。

精神的に幸せになるだけではありません

死んだ後、あの世で幸せになるなどということではありません。それに、仏教と聞いて一般的にイメージされるような、精神的に幸せになるだけ、ではないのです。

この世の中で、少欲知足のもと、精神的にも肉体的にも経済的にも人間関係においても、物心ともに幸せな人たちに満ちた地球にしていきましょうということなのです。

仏教的に申しますと、仏さまが住まう浄土をこの私たちが生きている地球に実際に実現しようという大理想なのです。

私は、20歳代の頃から既成仏教も新興宗教もキリスト教も様々な宗教を学び、実際に足を運んで体験してまいりましたが、この世の中をそのまま浄土にしてしまおうなどという、驚くべきことを真剣に語っているのは、日蓮宗だけのようです。

「この世を浄土に」と語った日蓮聖人が亡くなられたのが、1282年です。私が生まれたのが1963年。宗教遍歴を始めたのが大学生の頃ですから1982年頃からでした。

そして、様々な宗教の研鑽を深めていく中で、「この世の中を浄土にする」という、おそらく他の宗教にはない主体的で積極的、ある意味で革命的な日蓮聖人の熱い思いを徐々にではありますが、感じ取ることができてきたのです。

ご相談者からいただいた確信

私は約700年という時空を超えて、「仏国土顕現」という大理想を確かに日蓮聖人から託されているのだという確信を得ることができました。それは、ご相談の際に涙を流して、人生の苦しさを吐露してくださったある男性がきっかけでした。

その方は、長い間、幼少期から母親に言われ続けた「おまえなんて生まなきゃよかった」という言葉に苦しんでいらっしゃいました。

ご相談にいらしたときは、「死にたいのです」と暗くうつむいていらっしゃいました。母親から存在を否定される生活の中、妹さんと支え合いながら暮らし、逃げるように2人で家を飛び出した経緯や、母親から離れてもずっと消えない苦しみをぽつりぽつりと語ってくださいました。

お聞きした後、私からは、「仏教的にも、あなたは生きているだけで尊いのですよ。妹さんもあなたを必要としているのではないですか。これからも兄妹で力を合わせて生きていくのがいいのではないでしょうか。それに、あなたは幸せになっていいのですよ」と、お伝えしました。

そして、最後には「住職さんに苦悩を聞いていただき、『生きているだけで尊い』『幸せになっていい』と言っていただいたことで、初めて生まれてきてよかったと思えるようになりました。私は生きていていいのですね」と、明るい顔でお気持ちを伝えてくださいました。そして、同じように苦しんできた妹にも住職さんの話を伝えて、楽にしてあげたいと語ってくださいました。

このことは、まさに、日蓮聖人が目指した幸せの輪を広げる行いです。私自身、この尊い行いを目の当たりにしたのは35歳のときでした。まことにありがたい経験でした。

この世を幸せな人でいっぱいに

「この世の中を浄土にする」という大理想を確かに日蓮聖人から託されているのだという確信を得て以来、多くの方々と共に、この実相寺という場で悩み相談や法話会やお祭りや子ども会を行ってまいりました。

まだまだ道半ばではありますが、これからも多くの方々の幸せを実現し、一歩でも「仏国土顕現」に近づけるように、尽力してまいりたいと思います。

読者の皆さんも、実家が浄土真宗ですとか、神道ですとか、クリスチャンです、または無宗教ですといったように様々かと思いますが、それぞれの教えを大切にしていくと同時に、ぜひ、「この世で幸せになろう」、「この世を幸せな人でいっぱいな世界にしよう」という考え方も持っていただければ、と切に思っております。

3　なぜ仏さまと直接つながると幸せになれるのでしょう？

私たちの「肉体・心・魂」と「仏さま」の関係

仏教の観点や、様々な書籍、ご相談を通して、人間の成り立ちがわかってきたように思います。理解しにくいことではありますが、仏教ではこのように考えているのだなとなんとなく思っていただければ幸いです。

私も読者の皆さんも人間です。人間には、まず「肉体」があります。そして、もう1つ持っているものがあります。それは「心」です。嬉しいことが起きれば、心が嬉しさや喜びを感じるわけです。勝負で負ければ心が悔しさ・悲しさを感じるわけです。さらに誰でも持っているものがあります。それは「魂（たましい）」です。どうやら、この魂が、私たち人間の本質のようです。善い行いも悪い行いも、人格も、徳も、ここに蓄積されます。

私たちは「仏さま」とつながっている

死後もこの魂は存在し続け、いわゆるあの世というところに行くと言われています。そしてこの魂は、「仏さま」となんらかの関係があるようです。

仏教では「すべての人間は、仏さまの子である」と位置づけられており、「魂」を通して、仏さまは私たちとつながっているのです。

では、私たち1人ひとりの「魂」と「心」と「肉体」との関係はどのようなものなのでしょう。

「魂」、つまり私たち人間の本質が何らかの活動を行うときに必要となるのが、「心」と「肉体」のようです。

私たち人間は多くのことを考えます。心で考えたことを表現しようとすれば、体が必要です。口でしゃべったり、文章にして表現するわけです。または、彫刻でないと表現できないとき、まず心で考えて構想を練ってその後、彫刻刀を手に持って彫っていくわけです。

私たちの本質である「魂」が、「心」を通じて「体」を動かして活動をしていきます。

肉体 ⇅ 心 ⇅ 魂 ⇅ 仏さま

心のコントロールが大切

仏教では、心をコントロールすることを最重要視しております。例えば「三毒の教え（貪《どん》・瞋《じん》・痴《ち》）」があります。「貪（むさぼ）ってはいけません」「怒ってはいけません」「愚かなことはしてはいけません」という教えです。

人はともすれば安易な方向に流れていってしまい、不幸になってしまうのです。不幸を未然に防ぐためにも、心をコントロールする必要があるのです。

貪ってばかりいたら、体は不調を起こします。怒ってばかりいたら、人間関係はボロボロになります。愚かなことばかりをしていたら、社会生活は送れません。

心を善い方向へ向かわせる

心を善い方向で使っていけば人生は善くなり、幸せな人生を送ることができます。逆に心を悪い方向に使っていけば人生は悪くなり不幸せな人生となってしまいます。

私たち1人ひとりの「魂」は「仏さま」につながっているとお話ししましたが、善い方向で「心」で考え、「肉体」で行動していけば、「仏さま」から、その善い方向の支援が送られるのです。

積極的な思考でいれば、人生は健康にも恵まれ、よい人々に囲まれるようになります。逆に消極的に考え、あきらめの方向で過ごしてしまうと、暗い人生がつくられてしまいます。恐ろしいことです。

「自分の心の思考によって、自分の人生はつくられる」のです。

ですから、心をいつも明るい方向に、積極的な方向にコントロールして生きていくようにすることが大切です。前向きな方向に自分の心を導くことにより、素晴らしい人生が約束されるのです。

潜在意識を変えると奇跡が起こる

「身口意」でもご紹介しましたが、「顕在意識」と「潜在意識」についてもう一度触れたいと思います。

先述の通り、「心」は「顕在意識」と「潜在意識」という2つの要素からできていると言われております。

顕在意識と潜在意識

顕在意識とは、私たちが自覚できる意識です。意識の5％から10％を占めていると言われております。顕在意識は、意思決定や判断という役割を担っております。右に曲がろうか、左に進もうか。晩御飯は、和食にしようか、洋食にしようかなどを決めるときに使われます。

潜在意識とは、私たちが自覚できない意識です。意識の90％から95％を占めていると言われております。また、自分の過去の記憶がすべて記録されているそうです。その他、重要な役割としては、思考パターン・習慣・人格も潜在意識によってつくられています。

そして、もう1つの大切な役割として、この潜在意識は「仏さま」とつながっており、その力を引き出す役目も担ってくれています。発明家がヒラメクときに「何か上から降りてきた感じがした」ということがよくあります。

顕在意識と潜在意識の関係とは

さて、この顕在意識と潜在意識の関係ですが、顕在意識で繰り返し考え、繰り返し行動していくといつの間にか潜在意識に刷り込まれて、言わば無意識的に行動できるようになる、ということがあるのです。

ご相談の際に、子ども時代の思い出を話してくださった方がいらっしゃいました。「お天道様は見ているよ」「嘘はついちゃいかん」「和が大切なんやで」と同居していた祖母に言い聞かされていたとのことで、大人になって、職場で同僚が継続的にいじめを受けているのを知ったときに、一旦は自分の身を守るために見て見ぬふりをしようと思ってしまったが、いても立ってもいられなくなり、管理職に訴えた経験を語ってくださいました。

「お天道様は見ているよという祖母の言葉が思い出されて、結局は見て見ぬふりはできませんでした」とはにかんでいらっしゃいました。

これは繰り返しにより、その思考パターンが顕在意識から潜在意識へ、刷り込まれたことによる成果なのです。

潜在意識をうまく使っている大谷選手

また、仏教に大きく影響を受けた中村天風という昭和期の思想家・哲学者がいます。この中村天風という方の思想に、影響を受けた方は、東郷平八郎、原敬、双葉山、実業界では松下幸之助、稲盛和夫、また、スポーツ界では松岡修造や大谷翔平などがおります。

これらの方々は、「仏さま」とおっしゃっているわけではありませんが、潜在意識、そしてその奥にある私が言うところの「仏さま」、別の言い方をすると「大いなる存在」からの支援、ということをご自分の人生の基盤に置いているようです。

アメリカ大リーグで活躍しており、世界最高の野球選手と言っても過言でない「二刀流」大谷翔平選手は、中村天風の著書『運命を拓く』を座右の本となさっているとのことです。大谷選手がどのようにして世界的な偉業を成し遂げているのか、興味のある方は、是非、読んでいただきたいと思います。

信じる、信じない、ということは別として、世界的に成功している方々が、現時点で実践している、という事実は大きいと思います。１００％信じなくてもかまいません。試しに取り入れていただければと思います。

4　毎日お経を唱えると効果抜群 ― 順次思考と積累思考

天に徳を積みましょう

カルマという言葉を皆さんは聞いたことがあると思います。カルマとは、日本語では「業」と訳されております。本来はよいも悪いもなく、単に「行い」「行為」という意味でした。

しかし、現代では「あの人は、業が深いから不運にさいなまれている」などという使い方をしており、悪業と言う意味でカルマという言葉は使われております。ですから、本書では、「業」とは悪業のこととしてお話を進めたいと思います。

『スッタニパータ』という仏さまの語った言葉をそのまま記したとされるお経には、「業はまさに滅することがない。それは必ず至り行き、業の主がまさしくその報いを得る」とあります。

その人がした行為は、必ずその人が報いを受けるという意味です。

善因善果と悪因悪果

仏教では、善因善果・悪因悪果という言葉があります。

善い行いを積んでいれば善い結果がおとずれます、悪い行いを積んでいれば悪い結果がおとずれます、という意味です。

ですから、善い行いをたくさん行えば幸せがめぐってくるのです。

お経を唱えることは、とても善い行いです。第3章第1節で触れた「仏さま」と直接つながる行いです。言わば「仏さま」と一体となるということですから、これによって、少しずつカルマ（業）を解消していくことができます。

そして運命が変化していき幸せな人生を送ることができるのです。

天に貯金する＝積徳＝読経

また、徳を積むということにつながります。

お経の力つまり「経力」がそのお唱えする人のもとに集まります。ですから、幸せな人はさらに幸せになれるのです。

徳を積むということは、言わば、「天に貯金をする」ようなものです。天に徳を貯金している人は、何か困ったときにはその天の貯金が形を変えて現世に現れ守ってくれます。

例えば、人となって、助言をしてくれたり、技術を教えてくれたり、経済的に援助してくれたりします。

善いことを積み重ねていけば必ず天の恵みがあるという考え方です。

疑う方もいるかもしれませんが、私は多くのご相談を通じて、幸せになった方からのお話から確信しております。

「順次思考」と「積累思考」

人生の目標をかなえ、幸せな人生を送っていくための思考方法として「順次思考」と「積累思考」という考え方があります。

「順次思考」とは、望ましい状態（目標）と実際の望ましくない状態（現状）のギャップを認識し、最終的な目標に向かって、逆算的に小さい目標を設定し、順を追って達成していくという思考方法のことです。

もう1つの、「積累思考」とは、順次思考とは異なり、望ましい状態（目標）があるとして、目標達成に対する効果がすぐに現れないことや、一見関係ないように見えることでも、小さな行動を積み重ねることで、ふとしたときに、大きな効果が生み出されることを信じてコツコツと積み重ねていく思考方法です。

仏教の経典の中に、修行に励み、功徳を積み重ねる「積功累徳（しゃっくるいとく）」という言葉があります。積累思考は、この言葉に由来します。

この2つの思考方法を習慣化することで、人生の目標をかなえ、幸せな人生を送っていくことができるようになります。

大谷翔平選手の「順次思考」

例えば、世界で活躍しているアメリカ大リーグ野球の大谷選手を例に考えてみましょう。

大谷選手は、小学生の頃からアメリカの大リーグで活躍することが夢であり、憧れであったそうです。まずは「順次思考」です。順を追って自分を成長させていったのでした。

小学生では地元の水沢リトルリーグに入り、そして中学生では、一関リトルシニアで活躍します。

そして、高校では名門の花巻東高校の野球部に入り、甲子園では大いに活躍し、ある試合では球速１６０キロを記録しています。そして高校を卒業します。

ここで、そのままアメリカ大リーグにいくことも可能だったようですが、日本のプロ野球に入り、プロとしての素養を身に付けます。

そして5年後にアメリカ大リーグのエンジェルスに移籍。その後、２０２４年にドジャースに移籍しアメリカ大リーグ野球での優勝を目指しております。

小学生の頃から、自分の夢を追いかけ。順番を追って着実に人生を進めていらっしゃいます。

大谷翔平選手の「積累思考」

次は、大谷選手の「積累思考」を見てみます。大谷選手が高校生のときに作成したマンダラチャートというものがあります。最終的な目標を見据えたうえでそこに到達するための課題を8つ書き出し、その8つの課題を達成することにより、最終的な目標を達成するという手法です。

その中で、大谷選手は、「コントロールをよくすること」をあげています。

そのためには体幹の強化を課題としており、毎日コツコツと体感強化のためスクワットなどの運動を行っていました。

また「運を強くすること」も課題として挙げており、そのために「ゴミ拾い」「部屋掃除」を励行しているのです。

さらに「人間性の向上」も挙げておりそのためには、「感謝」「思いやり」「信頼される人間性」を日々励行しております。いわば徳を積んでいたわけです。

「ゴミ拾い」や「感謝」によって野球がうまくなるわけではありませんが、徳を積むことにより、ご加護がいただけ、運がよくなるということを知っていたのです。大谷選手は読書家でもあり、どのようにすれば人生がうまく進むのかを日夜考えておりました。

水沢リトルリーグから一歩ずつ歩みを進め、アメリカ大リーグに入団するという「順次思考」。そして毎日の体幹訓練やバットの素振りやゴミ拾いや感謝などの「積累思考」。この両方が相まって世界で活躍する大谷選手が存在しているのです。

私の「順次思考」と「積累思考」

私の僧侶としての「順次思考」「積累思考」を考えてみましょう。

大目標は多くの方を幸せに導くことです。そのためには、まず僧侶となるために、僧侶になれる大学に入り学びました。そして、僧侶になるための信行道場という修行場で修行をします。さらに多くの方を救うために、11月から始まる真冬の100日間の修行に行き、ご祈祷ができる資格と手法を学びます。

こうして順番を追って人々を救うための資格やノウハウを獲得していくのです。これが私の「順次思考」です。

同時に「積累思考」も進めました。積累思考は、目標達成に対してすぐに効果が現れなくても、小さな行動を続けて積み上げていくことです。徳を積むのですから毎日の読経がその基本となります。そして掃除も大切です。

さらには、人格を向上させるために読書やボランティア活動にも取り組みます。仏教の教義を学ぶことも必須ですし、ご相談に対応するために様々な分野の勉強をすることも必要です。

「積累思考」とは、いつこれを使う予定だから今これを行う、ということではなく、自分自身を人として向上させるために日頃から行うことが肝要です。

その結果、まだまだ思うところには到達しておりませんが、多くの方にご相談いただける僧侶になりつつありますし、毎月行っている法話の会も徐々に来ていただける方が増えてきています。

いずれにしましても、この順次思考と積累思考は両方行うことで相互作用が生まれ、目標にぐっと近づくことができます。皆さんも、ご自身の人生をとらえなおしていただき、この二本立てで、人生を歩んでいかれることをおすすめします。

仏さまの守りは必ずあります

善因善果ということですので、日頃から善い行いをたくさん行うこと、人にありがとうと言われることをたくさん行うことは、この「積累思考」に当たります。

徳を積むことで、自分自身が知らぬ間につくってしまったカルマ（業）を解消することができます。

カルマを解消すると人生が好転します。そして、仏さまと直接結びつくことができ、守っていただけるのです。

また、私は僧侶でもありますので、お題目「南無妙法蓮華経」をお唱えします。お題目をお唱えすることも徳を積むことになりますので、おすすめです。効果は、必ず出ます。

守りの現れ方は人それぞれ

ですが、人によって、業の深さは異なります。徳を積むことにより、すぐに効果が出る方もいれば、そうでない方もいるでしょう。

病気にかからなかったり、交通事故にあわなかったりという平凡な日常を送れるという形で守られている場合は、あまり実感が伴わないこともあるかと思います。

家庭も円満、社会的地位も高く、経済力もあり、娘の結婚相手もとてもいい人で、翌年には懐妊し、元気な赤ちゃんが生まれ、祖父の立場になれる人もいます。どうして、あの家はあのようにうまく行くのだろう、と周囲から不思議に思われ、うらやましがられる家もあります。大難は小難に、小難は無難に、と大変なことが訪れても、その難が小さくなっていることも多いので、気づきにくいことも事実です。

しかし、効果は必ずあります。順次思考で目標に一歩ずつ近づくよう努めながら、積累思考の一環として、徳を積み、幸せになってまいりましょう。

5　瞑想によって、仏さまとつながりましょう
—効果抜群で最も簡単な瞑想の方法

瞑想はものすごい効果がある

仏さまとつながる方法は、徳を積む以外にもあります。それは「瞑想」です。

私は20代の頃、宗教遍歴を行っておりました。その際、座学だけではなく実際に体を使い様々な宗教の修行を体験しました。滝行、火渡り、おてふり、坐禅、みそぎ、常行三昧という念仏行、内観法などです。

その中で、何かとつながった実感を持てたのは、坐禅・瞑想と呼ばれる修行方法でした。阿字観という真言宗の瞑想法・ヨガの瞑想法・曹洞宗の坐禅・臨済宗の坐禅などです。坐禅・瞑想は、教えてくれる先生によってその手法は様々でした。

それぞれの先生が体得した手法ですから、それぞれによいのでしょうが、私は、基本的な瞑想法がとても心地よく、ある境地に深く入れるような感覚をいだけるようになりました。

あるときなど、黄金に光輝く境地に入ったこともあります。ただし、この光が何だったかはわかりません。ヨガの世界でいうチャクラが少し開いたのかもしれませんし、なにか未知の世界だったのかもしれません。

自学自習でしたが、20歳代から、瞑想は続けてきました。私は日蓮宗の僧侶ですのでお題目や法華経を主とし、瞑想を従として、今まで行ってまいりました。

唱題行

日蓮宗全体でも10年ほど前から「唱題行（瞑想・唱題・瞑想の順で行う行法）」が盛んに行われるようになってきました。この唱題行とは、お題目を唱えることと、瞑想を交互に行うことにより、仏さまと繋がり易くする方法です。また、「マインドフルネス」なども盛んに行うようになってきています。やはり、仏さまとつながる有効な方法です。

マインドフルネス

「マインドフルネス」とはもともと、「気づくこと」、「注意深いこと」「意識すること」「心がいっぱいになってしまっていること」を意味しています。瞑想にはさまざまな多くの種類がありますが、マインドフルネスは、思考よりも五感の印象に注意を集中することを重視した瞑想ということになります。

現代に生きる我々は、過剰な情報量のためか、携帯電話などですぐ呼び出されてしまうことが関係しているのか明確ではありませんが、実は過去や未来のことを考えて、「心ここにあらず」の状態が多くの時間を占めています。特に、過去の失敗や未来の不安といったネガティブなことほど、考えを占める時間が長くなりがちです。つまり、自分で不安やストレスを増幅させてしまっているのです。精神的なストレスを解消する効果や、集中力を高める効果があることから、アメリカの研究者が「マインドフルネス」と名づけて、広くすすめております。そして今では、グーグルやインテルやゴールドマン・サックスなど欧米の名だたる企業の数々が、ストレスの対策として社員研修の一部に取り入れています。

それでは、簡単で効果的な瞑想方法を紹介します。

瞑想のやり方　①調身

調身《ちょうしん》とは、姿勢を整えることです。なぜ、姿勢を正すかというと姿勢の乱れは心の乱れと連動しているからです。せっかく瞑想するのですから、効果をいただけるようにしたほうがよいでしょう。

基本的には胡坐をかくか、椅子に座ります。胡坐の場合は体を安定させるために、お尻に座布団を二つ折りにしたくらいの厚さの敷物を敷きます。私はいつも座布団を二つ折りにして使っております。

姿勢を真っ直ぐにして背筋を伸ばします。地面から直角にして、天からあたたかな光が頭の頂き（てっぺん）へ、注ぎ込むようなイメージがいいでしょう。身体全体は力を抜くようにし、リラックスします。手をどのようにするかですが、私は手のひらを上に向け、太ももの上に添えるようにしております。そのほうがリラックスできます。

禅宗では法界定印という手を重ね合わせる印を結びますが、それぞれの行い方でいいでしょう。目については閉じるのが基本ですが、軽く開いているほうがやりやすいなら、そちらでも構いません。

<ここが POINT>

調身 ― 背筋を伸ばす。
調息 ―「数息観」で呼吸する。
調心 ―「二念を継がない」で、数息観を行い、
何も考えないようにする。

※体全体は、リラックス

瞑想のやり方　②調息

調息《ちょうそく》とは、呼吸を整えることです。姿勢を整えるのと同じく、呼吸も心の状態に大きな影響を及ぼします。そのため、呼吸を整えてよりよい心の状態に導いていくのです。

調息の基本的なやり方は、鼻から息を吸って、鼻から息を吐くというものです。鼻から吸って鼻から吐くので、口呼吸はしません。鼻で息を吸いながらお腹を膨らませ、同じく息を吐きながらお腹を凹ませていけば、誰でもできるはずです。腹式呼吸です。

心の中で「1・2・3・4」と数えながらゆっくりと息を吸い、続いて「1・2・3・4」と息を止め、最後に、倍の数で「1・2・3・4・5・6・7・8」とゆっくり息を鼻から出すという「数息観（すそくかん）」という呼吸法が初心者には最適です。「数息観」が、何故初心者にいいのかですが、数を数えることにより雑念が起きなくなるからです。

「1〜3」「1〜6」と短くしても結構です。途中で苦しくなったら、普通に呼吸してください。息が普通に戻ったら、また「数息観」を再開しましょう。瞑想を続けることによって、「数息観」は苦しくなくなります。

また、初心者は「1〜4」「1〜8」ですが、上達して来ると「1〜10」「1〜20」となり、1分間に1回の呼吸となります。無理に呼吸を長くする必要はありませんが、なるべくゆっくり呼吸することで、瞑想効果は高まります。

私も瞑想歴は40年近くになりますが、今でも「数息観」を愛用しております。

瞑想のやり方　③調心

最後は、調心《ちょうしん》です。心を整えることです。具体的には「頭を空っぽ」にすることです。禅宗では「無の境地」などと言われます。すぐに無の境地などにはなれませんので、初心者はどうするかですが、先ほどの「数息観」が効果を出してくれます。

呼吸をしながら「1・2・3・4」と数えるのです。数えている間は雑念が起きません。これをずっと続ければ雑念は起きない、とても効果的な瞑想となります。

ただし、それでも雑念が起きることがあります。今日の晩御飯は何にしようかな、明日の営業は大変だな、などと起きてしまうものです。そのときに大切なのが「二念を継がない」という手法です。頭に何か浮かんできたら、その思いを打ち消して、次の思いを起こさないようにするのです。例えば、今日の晩御飯は何にするかな？　という思いが起こってきたら、「いけない、いけない」と打ち消し、カレーやお寿司などの次の展開に至らないようにするのです。そして、「数息観」に戻るようにしましょう。

結果的には、「無の境地」に近い心の状態を保つことになります。

心と身体は互いに影響しあうので、正しい方法でやれば少しずつ瞑想の効果が出てきます。また、毎日の習慣として根気よく続けると、より深い瞑想状態に入ることができるようになります。

普段我々は、ベーター波を出しながら生活しておりますが、毎日瞑想を続けて行くことで、アルファー波が脳から出てくるようになり、次に述べる様々なよい効果が出てまいります。

瞑想の時間

瞑想は10分から20分前後がいいと思います。禅宗の修行僧であれば長く行うことも可能ですが、忙しい現代人には、15分くらいが負担なく続けられ効果もあるのでいいと思います。

続けることが大切ですので、５分くらいでも結構です。できるだけ毎日続けるとよいでしょう。

瞑想の効果　①科学的な報告

科学的にも証明されている効果を列記します。

①　ストレスを緩和する
②　免疫力が高まる
③　不安を抑える
④　うつを抑える
⑤　ポジティブになれる
⑥　感情のコントロールができるようになる
⑦　集中力が高まる
⑧　記憶力が高まる
⑨　創造力が高まる

等が報告されています。

瞑想の効果　②実際に起こる不思議な効果

瞑想は、世界中の一流の人物が行っております。政界では、クリントン大統領・ゴア副大統領、安倍晋三、中曾根康弘。ビジネス界では、ビル・ゲイツ、スティーブ・ジョブス、マーク・ザッカーバーグ、稲盛和夫、堀江貴文。エンタメ界ではマイケル・ジャクソン、マドンナ、レディーガガ、ジョージ・ルーカス。スポーツ界ではジョコビッチ、イチロー、長友佑都などです。

書き出したらきりがありませんので、このくらいで止めておきますが、世界的に活躍している方が同様に瞑想を行っているのです。

不思議な効果をそれぞれに実感しているようです。その効果とは、

① 願望が叶いやすくなる
② シンクロニシティが起こる
③ 人間関係がよくなる
④ 幸福感がアップする

等が挙げられております。

シンクロニシティとは、あの人とここのところ連絡を取ってないな、と思っていたら、その人が目の前に現れたり、海外旅行中に昔の友人に偶然会ったりするなどのことです。

心理学者のユングが提唱した概念で「意味のある偶然の一致」のこととされております。その偶然の一致から人生がさらによい方向に展開していくことが多いのです。

失明の危機

実相寺のお檀家さん、Ａさんにもこのようなことがありました。

スキューバダイビングをするために伊豆七島の新島に行きました。民宿に１人で宿泊するはずだったのに民宿側から相部屋を頼まれたのです。そしてその部屋に入ってきたのが、親戚のＢさん。それだけでも奇遇ですが、実はその親戚のＢさんは眼科医師だったのです。Ａさんと会話が弾むうちに、目の話となり、Ａさんは網膜剥離を起こしており失明寸前だったことがわかりました。

翌日、スキューバダイビングは行わず、急いで病院に行き、失明を免れたというシンクロニシティの体験談です。Ａさんは、よく瞑想をなさっている方です。

瞑想で仏さまとつながる

瞑想をしている人としていない人との間では人生がまったく異なるものとなります。瞑想をする人がどうして幸せな人生を送ることができるのかと申しますと、瞑想を通して仏さまとつながることができているからなのです。

私は、朝は、まず本堂でお経をあげて、お題目をお唱えし仏さまとつながります。また、日によって異なりますが、夜の10時頃に、瞑想を行い、再び仏さまとつながることが日々の営みとなっております。

日々忙しい中かと思いますが、皆さんもそれぞれの環境で実践なさることをおすすめいたします。

松任谷由実さんのお話

仏さまとつながると言うと、特別のことのように聞こえるかもしれませんが、人生が何故かうまく行っている方々は「仏さま」「大いなる存在」とつながるような人生を送っております。

松任谷由実という日本のシンガーソングライターとして、誰でも知っている方がいらっしゃいます。家庭的にも恵まれ、最愛の方と結婚され、出す曲はヒット曲ばかりで、まさに芸能界の女王さまと言える方だと思います。デビューした頃の曲で『やさしさに包まれたなら』というヒット曲があります。その歌詞の中に「神様がいて、不思議に夢を叶えてくれた」という部分があります。何故かわからないけれどうまく人生が進んでくれる、ということなのでしょう。「すべてのことは、メッセージ」という部分があります。自分の目の前に起こっていることは、すべて「神様」からのメッセージとして受け入れて進んで行こう、ということなのでしょう。本書の24ページにあります「すべては必要・必然・最善と考える」に通じる考え方です。

松任谷由実さんは、瞑想を行い、寺院や神社にはよくお参りに行かれております。またご先祖様も大切にされ、感謝と努力と謙虚な方です。いわば本書で書いてあることを実践なさっております。

皆さんも少しでも実践していただき、「仏さま」「大いなる存在」とつながるような人生を送っていただき、各々がお幸せになっていただければ、と心から願っております。

第4章　それでも人生がうまくいかない方のために

1　人生がうまくいかない方の3つの傾向
――自分の問題の未整理・因縁・霊障

エビデンスより効果が大事なのです

この第4章は、第3章まででお話しさせていただいた「仏さまに愛され、仏さまとつながり、幸せに生きる習慣」とは随分と異なる内容を記しました。

これまでご説明した「仏さまに愛され、仏さまとつながり、幸せに生きる習慣」は、仏教、儒教、キリスト教、成功哲学、心理学等を総合的にとらえなおし、幸せへの効果が確実にある手法をまとめた方法論であり、実践すれば必ず効果はあります。

幸せのスタートラインへ

しかし、この節でこれから述べる3つの事象により、幸せへのスタートラインにつけない方もいます。そのような方には、私が住職を務める実相寺にてお話しし、スタートラインについていただき、「さあ、これから幸せな人生を歩んでいただけますよ！」というところまでお導きしております。

霊障などのお話も出てまいります。このようなことは科学的にあり得ない、と思っている方は少々懐疑的になるのもわかります。しかし、実際に病気が治ったり、家庭内の不和がおさまったり、といい方向に人生が進んでいくことが多いのです。

科学的なエビデンス（証拠）より、効果が大切だと思いますので、信じていただけなくてもかまいません。

ですが、社会の一部で、不思議なことが起こっているのかな、という程度で知っておいていただければありがたいと思います。

幸せへのスタートラインにつけない方の3つの傾向

実相寺での悩み相談や法話の会などでは、仏さまに愛される方法についてお話をしており、実践なさって人生がうまくいくようになった方もたくさんいらっしゃいます。

特別にご相談ということでもなく、この生き方をしていただければ、十分幸せな人生を歩んでいけるのです。

しかし、一方で「仏さまに愛される方法を実践すれば、必ずよりよい人生が送れると聞きました。しかし、それでもどうもうまくいかないので、どうにかならないでしょうか？」という方もいらっしゃるのです。

そのような方には、３つの傾向があります。

(1) 悩み事、問題点が整理されていない

現時点で抱えている悩み事や問題点が、頭の中で整理されていないのです。悩み事や問題点が10個くらいある場合もあり、それらが互いにからまり合い、何が本当の悩み事なのかわからくなっているケースが多くあります。

そのため、解決策が見つからず、いたずらに困惑し苦悩を深めてしまっていらっしゃいます。

(2) 悪業の因縁が深い

大切なときに限って不運なことが起こってしまう。原因不明の病気があり、色々な医者に行っても、なかなか治らない。病気で会社に行かれないなどのため、収入が不安定で、人生が前に進まない。

このような状況はいわゆる悪業（カルマ）の蓄積によって、引き起こされていることも多いのです。

(3) 霊障がある

電気器具が誤作動を起こす、普通の人が見えないものが見えたり、外で自転車に乗っているときに小さな黒いものがぶつかって来たり、寝ていても何かに揺り起こされてしまい不眠症になる、金縛りに頻繁にあうなど、いわゆる霊障がある方もいらっしゃいます。

普通の方はあまり縁がないお話かもしれませんが、いわゆる霊媒体質—霊の存在に敏感な方には多いことなのです。

この3つのことに関して、事例をお伝えします。

3つの傾向のある事例への対処方法

(1) 悩み事、問題点が整理されていない → 抱えている問題を整理しましょう

まず、(1)の「頭の中が整理されていなくて、何をしたらよいかわからない」という傾向にある方です。このような方には、ご相談の際に、まず、問題をすべて出していただきます。そして、

A　すぐに解決できる問題
B　中長期的に解決を図るべき問題
C　解決が不可能で、悩むだけ損な問題
D　問題にする必要もないのに自分で勝手に悩んでいる問題

などにまず分類します。そして本当に解決を図らなければいけない問題だけに焦点を当て、解決に向けアドバイスをします。

そうしますと、今まで抱えていた問題の重さに耐えきれずに、潰されそうになっていた方が、実相寺からお帰りになるときには、笑顔になっていることが多いようです。

このような例があります。

問題がたくさんあり、どうしていいかわからないという60歳の女性の方が相談にみえました。整理していくと、①35歳の息子が結婚しない、②自営業で空調の仕事をしている夫の仕事のお客さんが減ってきた、③隣近所に挙動不審のおかしな人が住んでいる、④別に住んでいる自分の両親が軽い認知症なってきたようで心配、⑤別に住んでいる夫の母親との折り合いが悪い、

⑥イライラすることが多く、ここのところ、夫と仲が悪くなってきた、⑦自分は、時々、動悸が激しくなったり、夜に眠れないことが多い、など数えてみたら、７つありました。

一番の問題は何ですか、と尋ねました。

①「息子が結婚しないことです」と言うのです。「35歳も越え、いい大人なのだから、お母さんが心配する問題ではありません。今の時代、結婚しないことも多いです。お話をお聞きすると、息子さんは結婚しようという思いが希薄のようですし、また、結婚するしないは息子さんの問題です。子離れすることも必要ですよ。ということで、心配しても損ですから心配はやめましょう」と申しましたところ、「そういうものですかねえ」と、考えを直していただくことができました。

②「夫の仕事のお客さんが減ってきた」については、夫の仕事には、今まで関わっていない、ということでしたので、「奥さんが営業に回ることもできないでしょうから夫に任せるしかありません。それに、お客さんが減ってきたとおっしゃっていましたが、生活が困窮しそうと言うわけでもないのですよね。そうであれば、悩んでも仕方のないことです」ということを申しまして、納得してくださいました。

③「隣近所に挙動不審のおかしな人が住んでいる」については、危害を加えるような感じではないとのことでした。また、その方をどこかに隔離することはできませんし、引っ越しもできないのですから、受け入れるしかありません。気にしないのが一番ですよとお伝えしました。

④「別に住んでいる自分の両親が軽い認知症になってきたようで心配」については、近所であれ

ば両親に会う回数を増やし、認知症の外来の病院を探し、検査の後に、認知症の進行を遅らせる薬をもらうようにと申しました。中長期の問題として考えていくといいでしょう。

⑤「別に住んでいる夫の母親との折り合いが悪い」については、お姑さんと一緒に住んでいるわけではないので、気にする必要はありません。会うときだけ、いい人を演じればいいだけです。解決を図ろうとすることもないでしょう。悩むだけ損ということで、考え方を変えてくださいました。

⑥「イライラすることが多く、このところ、夫と仲が悪くなってきた」については、聞いてみると、昨年まで仲がよかったということでした。悩み事が多いのですから、イライラして夫に当たってしまっているのではないでしょうか。悩み事は減らしてあなたが楽になることで、夫に優しく寄り添えるようになればば仲は元に戻りますよ、とアドバイスしました。

⑦「時々、動悸が激しくなったり、夜に眠れないことが多い」というご自分のお体の件ですが、これだけたくさんの問題に悩んでいるのですから、ストレスもたまるでしょう。いわゆる自律神経失調症だと思いますので、お医者さんに行って、薬をもらうなりして対処してみてください。心配性は心をコントロールする必要があります、というアドバイスを行いました。

自分の何が問題なのか？

要は、①も②も③も⑤も悩む必要がない問題なのに悩んでおり、そのために⑥の夫とのいざこざが引き起こされ、⑦の自分の病気という結果が現れているのです。

結局この方の問題点は、①の息子さんの結婚のことではないのです。本人があまり結婚しようとは考えていないのですから、お母さんが心配しても損なことです。

7つある相談事の中で④の両親の認知症の件だけは、対処できる問題です。この問題は、これから娘として関わっていけばよいでしょう。

悩まなくていいことで悩んでおり、悩むことをやめればほぼすべてうまくいくということがわかり、自殺はしないが自殺する人の気持ちもわかるような気がすると言っていたこの奥さんは、満面の笑みをたたえてお帰りになりました。

3つの傾向のある事例への対処方法

(2) 悪業の因縁が深い → 悪業の因縁を解消しましょう

悪業の因縁が深いというようなご相談事はよくあることです。実相寺では、「霊断」という方法で、悩み事の原因を調べております。

調べてみますと、色々なことがわかります。純然たる病気であり、かかりつけの医師の見立て違いが原因なので、別の病院に行くことをすすめることもあります。先祖の供養が滞っていることが原因であり、供養をすることにより病気が治ることもあります。

一般の方にはすぐには受け入れられないかもしれませんが、本当に治ることがあるのです。ご先祖さまへのご供養は、とても大切なことですね。

また、今までの人生で人をだましたり、裏切ったり、冷酷なことをして悲しませたりして悪い行いをさんざん行ってきた方は、やはりその悪業の報いが来ていることもあります。そのために人生が思うように進まないのです。

業の深い社長さん

従業員20人ほどの、50歳くらいの会社の社長さんが相談にいらっしゃいました。

「半年前くらいから体調がすぐれず熱が出たり、気だるかったり、体が重い感じがしたりするのです。以前は仲間を誘ってゴルフに行って楽しく遊んでいたのですが、そのような気も起こりません。50歳代と言えば、一番働ける時期であり、私の体がこのようですから、会社の勢いも止まりかけております。医者に行っても、ストレスで片づけられてしまいます。多少、ストレスはありますが、それ程深刻なものではありませんので、医者の言うことは今一つ信じられません。以前はバリバリとバイタリティーに溢れ、会社の先頭に立ってやっていたのですが、今では生きるしかばねのようで、自分が自分でないようです。原因がわかりますか」というご相談でした。

霊断で社長さんの体のだるさを調べてみたところ、次のことがわかりました。「社長さんは、自分で会社を興してから売上を毎年増やし、会社を繁栄させるために随分強引なことをしてきましたね。支払いの踏み倒しや計画倒産のようなこともしてきましたね。裏切ったり、だましたりもしたようです。そのことが悪業となっています。社長さんの会社の発展の陰で悲しんでいる人がたくさんいます。心を入れ替えて、まっとうな道を進むようにしてください」と、指導し、ご供養・ご祈祷を行いました。

そして、「法話の会にも出席して心の内面を変えて、徳が増えていくような会社の運営、社員さんもお客さんも社長さんも、みんながにこやかになるような会社の運営を志してみてください。そうしませんと、会社は業績が悪くなっていくでしょうし、社長さんも体調はよくならないでしょう」とお話をしました。

三方よしの積善社長へ

よほど心に響いたものがあったのだと思います。今までの仕事の仕方の悪質さを反省し、その後、その社長さんは、「売り手よし」「買い手よし」「世間よし」の三方皆よしの近江商人のような会社の運営を心がけるようになりました。

売り手が得するだけではなく、買い手つまりお客さんにもとっても満足感があり、さらに世間つまり地域社会の発展にも貢献するといった、関わるすべての人が互いに感謝し合えるような、信頼関係で繋がれるような経営スタイルへと進化したのです。

元気になった社長さんは、今でも先頭に立って会社の運営を精力的に行っております。会社の方も、再び売上を伸ばしているようです。

3つの傾向のある事例への対処方法

(3)　霊障がある　↓　霊との悪縁を断ち切りましょう

お寺ですので、今までにたくさんの事例があります。

娘の様子がこの数か月おかしい、ということでご相談にきた方がいらっしゃいました。

小学3年生のその娘さんは、以前はとてももの静かなお子さんだったそうですが、半年前程から、椅子に座っていられないほど落ち着きがなくなってきて困っている、というご相談でした。それでは、一度お寺に来ていただき、その娘さんを直接拝見しましょう、とご両親とその娘さん3人でいらっしゃいました。

なるほど、私が御両親と話している間中、四つん這いで、私たちの周りを走り回っているのです。そうかと思うとピタリと止まり眠くなったと寝てしまう。1分もするとむくっと起き上がり、また、四つん這いで私たちの周りをぐるぐると走り回るのです。

私は日蓮宗の大本山 中山法華経寺で、荒行という寒一百日間の読経や水行による修行を通して、いわゆる「霊のお祓い」の秘伝を受けております。このお子さんは、狐憑きの霊障の典型的な症状でした。後日、その狐憑きを治す秘伝のご祈祷を行いました。祈祷直後に、そのお子さんの挙動不審はピタリとおさまりました。

よく聞いてみると、娘さんが挙動不審になる1か月前頃、屋敷にあったお稲荷さんの祠を古くさいので捨ててしまったそうです。

この娘さんは、ご祈祷の後、以前のような物静かなお子さんに戻ることができました。

1人で悩まず まずご相談を

実相寺に寄せられるご相談のうち、①悩み事、問題点が整理されていない方が30%くらいです。②悪業の因縁が深い方が5%くらいです。③霊障がある方が2%くらいです。

霊障と申しますと、科学的ではないので驚かれるかもしれませんが、古くからの口伝の方法により、解決できることもあるのです。ただし、純然たる精神病の場合もありますので、その場合は心療内科や精神科等、メンタルクリニックの受診をおすすめすることとなります。

霊障か精神病かは、実際に拝見させていただき判断することにしております。

実相寺では、ご縁のあった方には何とかして幸せな人生を送っていただこうと考えております。あらゆる悩み事に対応しておりますので、1人で悩まず、まずご相談ください。

2　ご相談を通じて人生がうまくいきました（体験談）
――仏さまに愛され、仏さまとつながり、幸せに生きる方法の実践で人生は必ずよくなる

この第2節では、実際のご相談について、ご本人とわからないようにお名前や細かい部分を変更した上で、本書に掲載させていただきました。

１　会社の危機を乗り越え、逆に発展させております

前山剛士（50歳）

大工の三代目として生を受けた私は、大学を卒業すると、父の大工仲間の工務店に就職しました。パワハラなどという言葉がなかった頃です。

殴る蹴る、罵詈雑言は日常茶飯事のことでした。別に普通のこと、自分は見習いの小僧なのだから当たり前で、かえって鍛えてくれてありがたい、くらいの感覚でおりました。

８年間の修行を経て、父の経営する工務店に入社しました。社長の息子とはいえ、ここでも鍛えられました。入社して２年後に父が脳梗塞で倒れ、一命はとりとめたものの翌年には30歳の若さで社長に就任。不安の中、父は大工はできませんが、頭はしっかりしているので、言わば二人三脚のような感じで社長として出発したのです。

社員が５名の小さな工務店でしたが、順調に業績を伸ばし社員も30名近くになりました。さあ、これからもっと会社を拡大させていこうと考え、経営計画を立て、銀行の融資も受けられ順調に進みかけていたときに、作業場が火事になってしまい大切な建設機械が使えなくなってしまいました。

さらに、翌年には、会社の本社屋が火事になってしまいました。ボヤ程度で済んだのですが、パソコンなどに水がかかり、すべてのデータを失ってしまいました。そして、片腕として信頼していた営業部長が、突然退職してしまいました。

この不運は何かおかしい、と思い、以前から懇意にしておりました、実相寺の御住職に相談に伺いました。すると、ご住職から、「一番の問題点は、社長さんの生き方、社員に対する態度です」と指摘を受けました。

びっくりしていると、「社長さんは、優しさがないのです。いつも怖い顔をして、恐怖で会社を仕切っているのではないですか。その悪業が現在の逆境に現れているのです。社員さんの定着も悪く、社内もギスギスしているのではないでしょうか。5人程度の社員さんの会社であれば、そのような感じでもよいでしょう。しかし、社員も増え規模が大きくなれば、同じ運営形態では無理が生じます。指摘すべきは指摘しないといけませんが、徳分をもって、優しくおおらかに会社を運営しないといけません。これから、もっと会社を大きくしたいということであれば、なおさらです」とご指摘を受けました。

まさしくそうでした。うすうすは感じていたのですが、小僧の頃からの現代で言うパワハラで鍛えられた私は、社員に対しても強権的に対処していたのでした。

仏さまが喜ぶような生き方、振る舞い方を個人授業のような形で教えていただき、「ありがとう」「感謝」を前面に出しながら、私の人格を徐々に向上させていきました。

お陰さまで、個人授業以来、大きなトラブルはなく会社も順調に業績を伸ばしております。会社は社長の器量よりも大きくならない、と申します。私の器量が何処まで大きく成るかはわかりませんが、人格の向上をはかりつつ、社員を大切にし、会社を発展させてまいりたいと思います。

２　失恋による買い物依存症、立ち直らせていただきました

杉沢美帆（29歳）

結婚も約束していたのに、突然の失恋でした。以来、買い物依存症になってしまい、ショッピングローンとサラ金の多重債務を抱えてしまいました。大学を卒業して外資系の金融関係の会社に勤めており、自己破産したら会社に知られてしまい退職せざるをえないと思うと、夜も寝られませんでした。うつ症状もありました。

ネットで検索していたところ、「安心してご相談いただける５つの理由」という項目に目が留まり、実相寺さんにご相談させていただきました。

「彼に依存し、その後、買い物に依存しているのは、おわかりの通りです。自分が船長となって自分という船の舵を握るというイメージを持つといいでしょう。大切な自分自身を自分自身が操縦するという生き方へと変えてみてはいかがですか」と最初にご住職に指摘されました。

初めのうちはよくわかりませんでしたが、自宅で瞑想をしたり、法話会に伺ったりしている間に、なぜか買い物依存が止まってきました。

おそらく、ご住職が言う「仏さま」との、何らかのつながりができてきたのではないかと思います。現在、多重債務を少しずつ減らすことができており、精神的にも安定してまいりました。

買い物依存という病いは、長い人生の中での「１つの学び」と前向きにとらえ、希望をもって明

るく歩んでいきたいと思います。

3　安心して赤ちゃんを産めました

山野明美（33歳）

結婚してすぐに子どもが授かれるものと考えておりましたが、2年経っても授かれませんでした。ある方の紹介で実相寺さんを知りました。

ご相談に伺ったところ、色々とお話をした後、子授けのご祈祷をしていただきました。その結果、すぐに妊娠できました。ありがたかったです。

しかし、おなかに赤ちゃんを実感してきた頃から、流産してしまうのではないだろうか。五体満足で生まれてくれるだろうか。障害のない子で生まれてくれるだろうか。生まれた後、しっかりと育てられるだろうかと心配になってきてしまい、不安が昂じてきたのです。

安産祈願のお参りに行ったときに、ご住職から「不安そうなお顔をしていますが、大丈夫ですか?」と尋ねられました。

他人にはわからないようにしていたのですが、ご住職は、わかっていたようです。そこで、色々な不安があります、と正直な気持ちをお話ししました。

ご住職は、「悪いことを考えると、悪いことが引き寄せられます。ですから、悲しくなるようなニュースなどは見ないようにしましょう。いつも明るく、うまくいくと考えて出産に臨んでください。しっかりとした赤ちゃんが、安産で授かるイメージを持ちましょう。大丈夫ですよ」と励ましてくださいました。

ご住職にそう言われて、なにか安心感がでてまいりました。

それからは、教わったポジティブ発想ということで、ネガティブな思いが心の中に上がってきたら、逆に幸せな出産、幸せな家庭をイメージするようにしました。

お陰さまで、赤ちゃんは元気に生まれてくれました。産後の肥立ちもよく、母子ともに健康です。もともと優しい夫でしたが、赤ちゃんを授かってから、夫はさらに優しくなってくれて、３人家族とても幸せに生活しております。これからもポジティブ発想の生き方を続けてまいりたいと思います。

4　会社での降格、逆境に学んだわが人生

富川亮二（43歳）

妻と子ども2人の典型的な核家族です。真面目に会社に通い、普通に出世していきました。営業は得意であり、同期の中ではほぼいつもトップクラスでした。

仏教には興味があり、実相寺さんでの法話会に通ったりして法話を聞き実践してまいりました。

しかし、あるとき私の所属する部署で大きな商談に失敗してしまったのです。社内でも大問題となり、誰かが責任を取らねばならなくなりました。

当然部長が一番の責任者なのですが、結局、私1人が責任を取ることとなり、降格となってしまいました。他の者は、注意程度で済んだのです。

いままでの会社への貢献は何だったのか。また、仏教も学び、利他行や菩薩行も実践し、守られているはずなのに、徳も積んでいるはずなのに、どうして私だけが降格という恥ずかしい処分を受けなければならないのか、とても腹が立ちました。会社も辞めて、転職しようかとも思いました。

住職さんにも相談しました。色々と憤りを聞いてもらいました。

すると、住職さんは「富川さん、人生色々なことがありますよ、仏さまはこの世は苦の世界だとおっしゃられました。苦の世界とは苦しみということではなく、意のごとくにはならない世界、という意味です。予定通りに、なんでもうまくいくことはないのです。でも心配することはありません。富川さんは真面目に仏教を学び、菩薩行も重ねております。必ず仏さまは見ておられます。今まで通り、明るく真面目に生きていけば、いい方向に進みますよ」と諭してくれました。

そのときは、それもそうかと多少無理をして、自分を納得させたものです。

その後、1人で責任を取ったことが評価され、1年後には元のポストに戻り、今では取締役を視野に入れられるまでになりました。

予定通りにはいかないのがこの世の中なのでしょう。結果はどうであれ、これからも明るく誠実に利他行を心がけて生きてまいりたいと思います。もし住職さんから学んでいなければ、現在のような安定した楽しい人生は歩んでいないかもしれません。本当に心から感謝しております。

5　離婚の危機を乗り越えることができました

山下雅信（42歳）

妻と私の間にすきま風が吹き出したのは2人目の子どもが生まれた頃からでした。子育てに懸命な妻。仕事で疲れきって深夜に帰ってくる私。互いに目を合わせても、ニコリともせず、同じ部屋にいること自体も、息苦しさをおぼえるようになっていました。日に日に溝は広がって行きました。

これではいけない。子どもたちのためにも、また私たち夫婦のためにも、互いに協力して幸せな家庭をつくらなければいけないと考え、その思いを妻に伝えました。すると、妻は一言「もうダメかもしれない」というのです。

離婚について、父に話してみたところ、「決めるのはお前たちだから多くは言わない。ただ、決める前に実相寺さんに相談してみたらどうだ」と相談することをすすめてくれました。

正直言って、半信半疑でした。しかし、子どもの頃、境内で遊んだこともあったので、うかがってみようと思いました。行ってみると、霊断という特殊な方法で、私たち夫婦のことを色々と調べてくれました。

「奥さんは子育てと慣れない環境によって、ノイローゼ気味になっています。しかし、あなたのことは内心ではいとおしく思っているようです。ですので、感謝してみてください。そして少し優しく接してみてください。そうすれば奥さんはこちらを向いてくれるようになるかもしれません」ということでした。

ご住職にお経をあげていただいて、毎月のお守りもいただきました。優しく接するようにもしましたし、1日に一度は「ありがとう」と言ってみるようにもしました。すると、1か月ほどしてから、徐々に妻の笑顔が見られるようになりました。

まだまだ溝はあります。しかし、表面的には仲良くできるようになってまいりました。さらに、妻もイライラしないように努力すると言ってくれるようになりました。いつになったら、本当にうちとけたあたたかい家庭となるかはわかりませんが、少なくとも、離婚の危機は乗り越えられたようです。

少しの心がけで、ここまで変われるとは思いませんでした。本当にありがとうございました。

6　結婚6年目にして、赤ちゃんを授かりました

田中恵子（38歳）

31歳で結婚したため、早いうちに赤ちゃんを産みたいと思っておりました。しかし、1年たっても、2年たっても、一向に授からないのです。不妊治療に定評のある病院に行って検査を受けても、主人も私も正常だということで悩んでいたところ、赤ちゃんを産んだばかりの友人が実相寺さんを紹介してくれました。

「赤ちゃんはあなた個人の持ち物ではありません。社会の宝物なのです。社会に貢献する立派な人間に育てますので、どうかお授けください、とお祈りください」と教えてくださいました。子宝のご祈祷をしていただき、月参りも行い、自宅では毎日、ご祈願を行いました。すると、5か月目に待望の赤ちゃんが授かったのです。こんなに早く願いがかなうとは思いませんでした。今は2人目がおなかに入っております。この2人目の名前も、実相寺さんに付けていただこうと思っております。

どうもありがとうございました。

7　うつ病が克服できました

坂入朋美（72歳）

私は11年間、主人の看病にあたってまいりました。その間に友人との関係も薄くなり、親戚とは疎遠になっていきました。後半の5年は認知症も加わり、毎日毎日が闘いのような看病でした。若い頃は私をとても大切にしてくれた、優しいあたたかみのある主人でした。その思い出があったから、11年間がんばれたのかもしれません。

別れは突然やってまいりました。少し目を離していた間に食べ物を気管に詰まらせてしまったのです。

あまりにも突然の別れ。あのとき自分がもう少し手を出してあげればよかったのに、という後悔。

広い社会の中で友人・知人・親戚がいないという孤独感。私は生きることに意義を見出せなくなってしまったのです。マンションの屋上の手すりをつかみ、ここから飛び降りれば自殺ができる、と何度も下見に行ったこともありました。

うつ病で苦しんでいたときに、あるパンフレットを見て実相寺さんの活動を知ったのです。ご祈祷だけではなく、法話の会や青少年の育成にも尽力しているお寺だということで、もしやここなら何かがあるかも知れないと思い、おうかがいいたしました。

住職さんは優しく懇切丁寧にお話ししてくれました。「身体のあらゆる部分に感謝する」「鈍感力を身につける」など1つひとつのお話が心に染み渡っていくような感じでした。その日から、私の中で何かがふっ切れたのだと思います。

朝が来ることを恐れ、自殺の方法ばかりを考えていた私が、今では温泉旅行を楽しめるまでに、心の余裕ができてまいりました。毎月の法話の会もとても楽しみにしております。住職さんの教えてくれる仏教の生き方は素晴らしいです。救っていただきまして、本当にありがとうございました。

8　破産の危機を乗り越えることができました

木村和明（53歳）

私の父親は、地方の国立大学を卒業し、県名のついている地方銀行へ就職しいわば地方のエリート人生を歩んでいたと言っていいと思います。周囲からはある意味、羨望のまなざしを向けられる存在でもありました。その息子として生まれた私は、それなりの学力をつけることもでき、東京に出てきて技術者として安定した生活を送っていました。

ところが、私が50歳のときに80歳になった父から電話があり、「今度、破産することになるかもしれない、迷惑をかけるが申し訳ない」と、突然言われたのです。

今から25年前のことです。私が東京の大学を卒業し、そのまま東京で就職して3年ほど経ったときのことです。

55歳になっていた父は、県庁のすぐそばの土地が売りに出されたときに、その土地を購入し1階は店舗・2階3階はアパート・4階は自宅というビルを建設し、そこで自分でも商売を行い、他は人に賃貸し、老後も安楽に暮らす計画を立てたのでした。

約1億1０００万円を借り入れるので、「連帯保証人」になってくれと父からお願いされたのです。返済計画もしっかりしていましたし、国立大学を卒業し、銀行員でもあった父のことですから、二つ返事でハンコを押しました。

連帯保証人になったことはまったく忘れていたのですが、あれから25年を経て、80歳になった父から「実は、商売がうまくいかず、賃貸もうまくいかず８５００万円の借金が残っている。だから破産せざるを得ない、そうするとお前に迷惑をかけるがどうしようもない、申し訳ない」という電話だったのです。

「青天の霹靂」とは、まさにこのことです。頭の中が真っ白になりました。身体が震えてきました。

なぜか涙も出てきました。このようなことは誰にも相談できません。しかし、親身になって共に乗り越えてくれるかもしれない人が1人だけいました。実相寺のご住職です。日曜日に父の所に行き資料を集め、私なりに精査しましたが、やはり8500万円の借金がありました。その資料を持って、ご住職の所に駆け込みました。

あらましをご住職に告げると、「大変なことが起こりましたね。しかし、木村さんは大丈夫です。命に関わることではありません。焦ってもいいことはありません。大変なことではありますが、もし万事休す、ということであれば、木村さん自身が自己破産すれば、最低でも家族には迷惑をかけなくて済みますよ。命まで失う話ではありません。とれる選択肢があるのですから、落ち着いて、対処していきましょう。大丈夫です」

「ご自身の考え方が大切です。お父さんを恨むのではなく、このことを通して、天は何を学ばせようとしているのかを考えてみてください」とにこやかにおっしゃるのです。

そして、「このような、大きな逆境は誰しも人生に一度は経験します。深刻になってはいけません。真剣になることです」とお話ししてくれました。

「深刻になるな、真剣になれ」「父親を恨むことなく、この逆境で、何を学べばいいのか」という言葉に力をいただき、それから、約1年間、会社や友人にも告げず、時折実相寺さんにご相談に行きながら対処しました。

誰にも知られないように東奔西走した約1年間は、正直、怒りが頭をもたげ、父親のことを恨みました。しかし、そのようなとき「いけない。いけない。恨むことは、運気を下げることになり、問題を解決することにつながらない。深刻にならず真剣に問題解決を目指そう。いつも心を明るくしなくては」と、ご住職のお顔を思い出しながら、頑張りました。

お経を唱え、仏さまからお守りいただけるようにお祈りしました。すると目の前で奇跡が起こり始めました。

８５００万円の借金が徐々に減っていったのです。予定より高い値段（３５００万円）でそのビルが売れて、借金は５０００万円となりました。私の貯金から２０００万円出して借金は３０００万円となりました。

借入先になんらかの事情があったのか、私の窮状を記した担当者に送付した手紙がよかったのか、守っていただけたのか、３０００万円の借金を６００万円に減額してくれたのです。更に２００万円へ減額してくれて、最後はほぼ０円にまで減額してくれたのです。こんなことが起こるとは思いませんでした。

ご住職は、法話の会などで、実相寺では奇跡が時々起こります。皆さんは守護されていますから安心して生活してください、とお話になりますが、まさか、自分にこのような奇跡が起こるとは思いもしませんでした。

これからも、明るく楽しく前向きに、仏さまが見守ってくださっていることを忘れず、よりよい人となれるよう努力しながら生きていきたいと思います。

9　参拝しただけで、目が見えるようになりました

松木正雄・尚子夫妻

実相寺さんのことは、1年前にホームページで知りました。歴史もあり、ご祈祷などで多くの霊験がでており、子どもの教育に熱心なお寺であると思って、好感をもっていました。

そんな思いから、仕事などで近くにいくときはお参りするようにしていました。観光寺院と言うほどのこともありませんが、境内も綺麗になさっておられ、すがすがしく、仕事の憂さ晴らしなどでも、立ち寄ったこともありました。

そのような話を家内に話したところ、それなら、私も行きたいということになりました。うちの家内は目が弱く、白内障のような感じで、薄ぼんやりとしか見えず、また、この頃は黒い点が目の前にいくつも見えるようになっておりました。近々、眼科に行き本格的に治さなくてはいけないね、と夫婦で話しておりました。

実相寺さんに到着し、「ここだよ」と言って本堂に入ってお参りさせていただきました。そのときは、別段普段と変らないお参りでした。

不思議なことは、帰りの自家用車の中で起きました。

普段なら、薄ぼんやりとしか見えないのですが、あれよあれよと言う間に、はっきりと見えるようになっていったのです。薄いもやのようなものが晴れたかな、と思っていると、今度は黒い点の

ようなものが、1つ、また1つとなくなっていくのです。そして自宅に帰るまでの約40分くらいで、今までの見えづらかった世界がうそのように綺麗に見えるようになっていました。

さらに次の日、朝起きるとまた不思議なことが起こりました。マスカラなどはまったくしていないのに、まつげがピンとお人形のように広がっているのです。目も、昨日同様によく見えます。

このようなことがあり、この日以来、家庭ではお経をあげて、仏さまの素晴らしさに感謝しております。

まだまだ家庭的にも仕事的にも、いろいろな問題を抱えておりますが、「何か、大きなものに守られているなぁ」「どうにかなりそうだなぁ」という実感がここのところで持てるようになり、精神的にとても楽になれました。これからは、ご相談にのっていただくこともあるかと思いますが、何卒、よろしくお願いいたします。

10　自動車にぶつかっても無傷でした

田端啓子（50歳）

このたびは、不思議な体験をいたしました。

考えてみれば、すべて私が悪いのです。

その日は、50ＣＣのバイクに乗っていました。私のほうの車線は少し渋滞しており、自動車はゆっくりゆっくり進んでいました。その左側を私は走っていました。いつものところで、右折しようとして、方向指示器を点滅させたところ、親切なことに、私の右斜め後ろを進んでいた自動車が止まってくれて、右折しやすいように前の自動車との車間をとってくれたのです。

「急いで、右折しなくては」と思い、勢いよく出たところ、なんと、対向車が物凄い勢いで私に向かって突進して来ました。

「ああ、もうだめだ！」と思いました。

そして私に迫ってくる自動車の急ブレーキの音。そして「ドス〜ン」という自動車とバイクがぶつかった音。

「ああ。もう終わりだ・・・」

と思ったのですが、なんと、私はバイクにまたがったまま立っていたのです。ぶつかった自動車はどうなっただろう、と見てみると、左斜め前の角がぐしゃぐしゃに壊れ、左のライトも破損しておりました。

「あれ？」と思い、自分のバイクを見ると、後輪のあたりを少しこすられた程度の傷しかありません。あんなに大きな衝撃音がしたのにどうしたのかしら？

驚いたことに体に傷もありません。通りがかりの人たちが寄ってきてくれて、「救急車を呼びましょうか？」と声をかけてくれましたが、本当になんともないので、「大丈夫なようです。ありがとうございます」と答えました。

ぶつかった車の運転手さんが慌てて出てきて、「お体は大丈夫ですか？」と聞いてくれました。「ええ、大丈夫です」 相手はほっとしていました。

警察を呼び事故証明をもらいました。警察の方は「こんなに自動車の左角がめちゃめちゃなのだから、普通なら、バイクの方ももっと被害があるはずなのですが」と不思議がっていました。

私の体にまったく被害がなかったこと。そしてバイクもほとんど傷らしい傷がつかなかったこと。これは毎月お参りしているおかげだとしか思えません。ありがたくて、ありがたくて、バイクにまたがったまま、「仏さまありがとうございます」という気持ちがわき上がってきたのを、今でも鮮明に覚えております。これからも、あたたかな雰囲気の実相寺さんにお参りを続けたいと思います。

11　孫のぜんそくが治りました

進藤清美（58歳）

私の孫はひどい喘息をもっていました。雨の日は特にひどく、救急車をよんで緊急入院したことも何回もありました。孫を見ていると、あまりに痛ましく、また無事に育つのだろうか、と心配で心配でたまりませんでした。

菩提寺である実相寺さんの広報紙『実相』に、喘息がよくなったことが書かれているのを読み、わらにもすがる思いで「身体健全」のご祈祷をお願いしたのです。

「すべての人の喘息が完治するわけではありません。その人の業の深さ、信心の多少によるようです。私も懸命にご祈祷いたしますので、お孫さんとご一緒にお祈りください。そして、ご祈祷が終わった後は、徳を積むような善い行いに励んでくださいね」とご指導いただき、ご祈祷を受けました。

ご祈祷を受けてから4日目に雨が降りました。いつもなら発作が起きるのですが、軽いせきばらいのようなもので済みました。薬も飲まず、このような状態でいられることは生まれて初めてのことだったと思います。そのときは私と嫁と孫とで、手をとりあって「よかった、よかった」と喜んだものです。

いままでしっくりしていなかった家庭も、孫の健康な笑顔と共に、家族だんらんのある、あたたかい家庭へと変わっていくことができました。本当にありがたいことと、感謝しております。

12　交通安全のご祈祷で命びろい

佐々木よしみ（32歳）

私の家では新車を購入すると、その日のうちに実相寺さんに行って「交通安全」のご祈祷をしていただくことにしております。

ご祈祷をしていただいてから、3か月ほどが過ぎた頃でした。

鉄パイプのような鋼材を山のように積んだ4トントラックのすぐ後ろを運転しておりました。そのトラックはぐずぐず走ったかと思うと、急にスピードが速くなったり、急停止したり、左右へフラフラしたりしていました。居眠り運転でもしているのでしょうか。嫌な車の後ろについちゃったなあ、と思っていると、今度は荷台の鋼材が以前よりも揺れているようです。

急発進急停車、左右へフラフラしながらの運転ですから、鋼材を留めていたワイヤーが緩んだのか切れてしまったのか、荷台で鉄パイプがはねたりしているのです。

これは危ない。少し車間をあけようとブレーキを踏もうとした瞬間でした。突然そのトラックは急停車をしたのです。そのとたん、数十本の鉄パイプが荷台からあふれ出てきて、私の運転するフロントガラスめがけて迫ってきたのでした。

「あっ」という間のできごとでした。「死」を予感しました。どういうわけか実相寺さんでの車のご祈祷のシーンが頭の中でよぎりました。「ダダダダーン！」ものすごい音でした。鉄パイプがフロントガラスをつき破り、私に突き刺さり、もう「終わり」のはずでした。

しかし、大きな音は聞こえたのですが、私に感じるはずの衝撃がありません。

ハンドルにうつ伏せになり、急ブレーキをかけていた私は恐る恐る顔をあげてみました。どうやら私は生きていたようです。痛みもないようなので無事なようです。「ああ、よかった」と思うと同時に体中の力が抜けてしまいました。腰が抜ける、という状態でしょうか。

すぐに、周囲の方々が駆け寄ってきてくれました。救急車を呼んでくれた方もいました。

少し落ち着いてきて、外の様子を見て驚きました。なんと私を襲ったはずの鉄パイプは、私の車の右と左とにきれいにわかれて転がっていたのです。トラックの荷台には道路に落ちかかっている鉄パイプもありましたが、その鉄パイプもどういうわけか右と左とにわかれて、私の車にぶつからないように落ちかかっていました。

私はそのとき、確信しました。「やはり、神仏のご守護はあるのだな」と。死を感じた瞬間、私が思い出したご祈祷のシーンは、まぎれもなく守りの証（あかし）だったのだと思います。

これからも、毎朝、お仏壇にお参りし、清く正しく生きていきたいと思います。こうして今も生きていられるのはあのときのご祈祷のおかげです。本当にありがとうございました。

13　離婚しなくて済みました　渡辺陽子（35歳）

私は、結婚生活に疲れを感じていました。付き合っていた頃は夫のいい部分ばかりが目に入っていましたが、結婚して1つ屋根の下で生活をすると、相手の欠点が気になってしまいます。自由に使えるお金が減り、夫婦間での会話も減ってきて、口論することも多くなりました。こんなにつらい思いをしながら結婚生活を続ける必要があるのか悩んでいました。

そんなとき、久々に再会した高校時代の親友の紹介で実相寺さんにご相談に行くことになりました。

住職さんに、家庭での状況とともに、「夫のことは今でも大好きだし、年齢的にも赤ちゃんを産むにはいい年だから、別れたくはない。夫も優しいところはあるし、でも、以前とはどうも違うんです。なにか行き違いが起こっているのでしょうか。自分でも関係を修復しようと思うのですが、どうもうまくいきません。どうにかなりませんか。このままでいると夫の方から別れを切り出されると思います」といったようなことを伝えました。

するると、住職さんは。「渡辺さんご夫婦では、ひょっとして陽子さんが主導権を握っていらっしゃいませんか？」

見抜かれていたようで、少しびっくりしました。実際、私には小さい頃から男勝りのところがあり、３つ年下の夫のことを弟分のように思っている部分もあったのです。

そこで、「実は、結婚前は夫を従えているような関係だったんです。でも、夫はいつも私の選択についてきてくれました」と告白しました。

住職さんは、「夫婦関係は5対5のまったくの対等の関係もありますが、それぞれの性格や生まれ育った家庭環境や経済力など様々な要素がありますから、対等でないからといって悪いわけではありません。お2人のちょうどよい関係に落ち着くのが望ましいのです。そして、年齢を重ねたり、時代が変わっていくと変化していくことが多いものです。ですので、今はお2人の関係性が変わるタイミングなのかもしれません」とおっしゃいました。

思い返してみると、夫は結婚してから言い返してくることが増えたなと感じます。以前なら「そうするよ」と言ってくれていたことにも最近は突っかかってくるようになりました。

住職さんに、数日前にあった家事についての口論のことも話してみると、「夫婦関係は、互いに譲り合うことが大切ですし、一番の基盤は信頼関係です。旦那さんにしてみると、ストレスの多い社会で荒波に負けずに頑張っているのに、家庭でも陽子さんに気を遣ってばかりなのではないでしょうか。

大事にすると大事にされますから、行動・考え方を変えてみませんか」とのことでした。

「相手を変えようとせず、まず自分が変わっていきましょう」と、まず、夫に感謝を伝えることをすすめられました。正直、私も正社員で頑張っているのだからと、感謝を伝えることは、夫に対して負けを意味するように思っていました。内心では感謝していましたが、口で「ありがとう」と言うようにしました。

また、夫婦間でのコミュニケーションの時間を取るようにも言われました。互いに忙しいので、寝に帰ってくるだけの同居人のような生活になっていたのでぎくりとしました。子どもをもうける時期のこと、持ち家のこと、資産形成のことなどこれからの互いの人生設計の話題や、旅行やデートなど日々の楽しみのことなどを談笑しながら話し合ってみてくださいとのことでした。

愛情表現をすることも勧められました。「愛してる」などとストレートに言うことが難しければ、「頼りにしているわ」「あなたは素敵よ」などとポジティブな声がけをしてくださいとのことで、あまり言ったことがなかったので言いやすい言い方を考えました。

また、言葉の使い方に関しても言い回しを変えることをすすめられました。自分としても上から目線の言葉遣いが多いのは感じていましたから、命令や指示ではなく「お願い」をする言い回しに変えてみてくださいと言われて、部下に接するように夫にも接していたことにも気づきました。

住職さんからは、「妻も夫も互いに立ててもらいたいと思っている生き物なんです。奥さんのほうから見れば、掌の上で夫をうまく転がしていくような意識もあっていいのですよ」とも言われました。

負けたくない、対等なんだと気を張っていましたが、立ててみてあげてもいいような気持ちになってきました。ほかにも干渉しすぎないことや、相手に求めすぎないこともすすめられました。

それから私は変わろうと努めました。感謝を言葉にしたり、やってほしいことはお願いしてみたり、ちょっとした会話を大切にするようにもしました。すすめられたことはメモに取ったので、自分なりに全部取り組んでみたのです。

すると、努力の甲斐があって、離婚寸前の危機から立ち直り、今では、付き合っていた頃以上に夫は優しく接してくれるようになりました。さらに、赤ちゃんもお腹に授かりました。半年前には、こんなに幸せになれるとは考えられませんでした。赤ちゃんの名前も実相寺さんに相談しましたし、生まれたらお参りに連れていこうと思います。

14　仏さまの教えが家を明るくしてくれました

横川満子（65歳）

社会人の孫は別のアパートで1人住まい。家には私と息子夫婦の3人暮らしです。私と嫁は折り合いが悪く、いつも互いにけん制し合っているようなギスギスした家庭環境でした。

あるとき、私が家に帰ると玄関を入ったところに、スーパーで買い物をしたレジ袋が置いてありました。その中を見ると魚の切り身やお肉もあり、こんな所に置いていては傷んでしまう、お嫁さんは何を考えているのか。腹が立ってきました。無職の私に冷蔵庫に入れておけ、とでも命令しているのでしょうか。こんな嫁に負けられないと、そのレジ袋を足で軽く小突き、私は自分の部屋に行きました。

その日の夕飯は、イライラして殺伐とした雰囲気の夕飯となり、誰も話をすることなく無言で終始しました。

私の友人の誘いで、5年くらい前から実相寺さんの法話会に通い、少しずつ仏さまの教えを学んでいきました。

「幸せになりたいのなら、いつも心を明るく感謝の心で満たしましょう。利他行、他の人に見返りを求めず親切にしてあげましょう。そのあたたかな心があなたを幸せにしてくれるのです。毎日、ありがとうを言いましょう」などを学びました。

毎月1回、法話会で面白く楽しい法話を聞きました。

「そうか、私が変わらなければ、幸せは来ない。生きているのなら幸せな人生を息子夫婦と歩みたい。そのためには、仏さまの教えを試してみよう」と考え、少しずつ実践していきました。

ある日、私が外出から帰ると、玄関の入ったところにスーパーのレジ袋が置いてありました。生ものも見えました。これでは傷んでしまいます。かつては、お嫁さんの嫌がらせと決めつけ足で小突いて自室に行ってしまったものですが、素直にそのレジ袋に手が伸び、冷蔵庫に入れてあげることができたのです。

その日の夕飯は、お嫁さんから「お母さん、冷蔵庫に入れていただき、ありがとうございます」という言葉がありました。「いいのよ」と答え、その日の夕飯は、息子と3人でとても和気あいあいとした雰囲気で、楽しい夕飯となりました。

同じ状況であっても、心の持ち方次第で、幸せにもなれば不幸にもなります。素直にレジ袋の中のものを冷蔵庫に入れてあげられたということは、5年前の私には、ありえないことなのです。実相寺さんの法話会で学んだ仏さまの教えによって、こんなに自分が変われるとは思ってもみませんでした。自分自身の変化に驚いております。これからも細く長く仏さまの教えを学び続けてまいりたいと思います。

他にも多くの方々から、感謝の言葉をいただいております。その内容は、また別の機会にお知らせしたいと思います。

おわりに

私は先日、還暦を迎えました。もう数え年で61歳です。自分の人生を振り返ると、悩みを抱えた多くの方々との出会いがあったことが思い出されます。どうすれば悩みから解放され、幸せな人生を送れるか、私自身も思い悩んでまいりました。

そして、様々な分野の書籍を読み漁ったり、講演会や勉強会へ行ったり、刑務所での教誨師を引き受けたり、仏教やキリスト教もそうですが、様々な新興宗教の教団にも学びを求めて足を運んだりと、多くのことに取り組んできたものだという思いがあふれてきます。

それくらい、力を込めて生きてまいりました。

人生100年ともいわれております。もうすでに半ばは過ぎていますが、これからの40年間、僧侶として、力強く多くの方々を幸せにしていくお手伝いをさせていただきたい、という熱い思いは沸沸と湧いてきております。

その中で、多くの檀信徒の皆さまからのすすめもあり、今までの半生で皆さまにお話ししてきた、仏教と成功哲学・儒教・心理学などを融合させた幸せに生きる方法を、初めて文書化したものが本書『35年で5000人を幸せにしてきたお坊さんが伝える　仏さまに愛され、幸せに生きる35の習慣』です。すべてを出し切ったかと問われれば、意を尽くしていない部分もあります。しかし、大枠は本書で書いた通りです。

本書の内容の一部でも実践していただければ、間違いなく人生を幸せに導けるとの確信がありま す。その軌道に乗せるためのご相談は随時受け付けておりますので、遠慮なくご連絡ください。

残りの人生のすべてを懸けて、多くの人を幸せへ導き、そして、この世の中全体を、誰もが幸せでいられる浄土のような素晴らしい世の中にしていくことを、この「仏さまに愛され、幸せに生きる35の習慣」を駆使し、実践してまいりたいと考えます。

最後になりますが、本書を作成するにあたって、多くの方々に大変お世話になりました。また、助言をいただいた方々、体験談を寄せてくださった方々、心より御礼申し上げます。ありがとうございました。

松永　慈弘

主要参考文献

「ブッダの真理のことば・感興のことば」
「釈尊」宮坂宥勝
「釈尊の生涯」水野弘元
「仏教聖典」仏教伝道協会

「新釈法華三部経」（全十巻）庭野日敬
「法華経とは何か-その思想と背景」植木 雅俊
「妙法蓮華経のこころ」瀬野泰光
「日蓮聖人御遺文講義」全十九巻
「日蓮の真実：混迷する現代の闇を開く鍵」小林 正博
「日蓮の手紙」「日蓮教学における本尊と信行の研究」渡辺宝陽
「法華仏教文化史論叢―渡邊寶陽先生古稀記念論文集」渡辺宝陽
「日蓮の女性観」植木 雅俊
「日蓮」山岡 荘八
「全篇解説 日蓮聖人遺文」渡邊 寶陽・関戸 堯海他
「日蓮聖人御遺文講義」全十九巻

主要参考文献

「日蓮聖人『観心本尊抄』を読む」北川 前肇
「致知」藤尾秀昭
「運命を創る」「運命を開く」「論語の活学」「人物を創る」「人生の大則」安岡正篤
「運命を啓く」「本当の心の力」「錬身抄」「心を磨く」中村天風
「道を開く」「道は無限にある」「素直な心になるために」松下幸之助
「哲学」「心」「生き方」「京セラフィロソフィ」「心を高める、経営を伸ばす」稲盛和夫
「何のためにはたらくのか」「人間学のすすめ」北尾吉孝
「サムシンググレート」「生命の暗号」「スイッチオンの生き方」村上和雄
「思考は現実化する」「成功哲学」ナポレオン・ヒル
「夢は実現します」ポール・J・マイヤー
「人を動かす」「道は開ける」「自己を伸ばす」デール・カーネギー
「7つの習慣」スティーブン・コヴィー
「非常識な成功法則」「全脳思考」「成功者の告白」神田昌典
「ツキの大原則」「№1理論」「天運の法則」「強運の法則」西田文郎
「生き方の極意」「法則」「人間の研究」船井幸雄
「前世療法」「ソウルメイト」ブライアン・ワイス
「前世を記憶する子どもたち」イアン・スティーブンソン

≪お知らせ≫

●実相寺しあわせチャンネル

実相寺の住職は、ＹＯＵＴＵＢＥで動画も発信しております。
「このように生きると幸せになれます」ということをテーマに、
時には、実相寺の季節の報告なども交えながら配信しております。
是非、ご覧ください。

●実相寺お気軽ご相談ページ

実相寺の住職は、お一人お一人のご相談に応じています。
お気軽に、ご連絡ください。

≪お知らせ≫

●実相寺ホームページ

実相寺はこのようなお寺です。どうぞご覧ください。

本覚山　実相寺

〒332―0004　埼玉県川口市領家2―14―11

☎048―222―4566

春は桜、秋はイチョウと春夏秋冬を感じられるお寺です。

是非、お参りにいらしてください。お待ちしております。

著者略歴

松永　慈弘（まつなが　じこう）

1963年埼玉県生まれ。早稲田大学第一文学部卒。立正大学仏教学部卒。若い頃より「人が幸せに生きていくためにはどうすればいいのか」を探求。仏教・キリスト教・神道・儒教のほか、成功哲学をも研究、実践。その研究領域はフロイトやユングやアドラーの心理学にも及ぶ。

日蓮宗の厳しい修行である寒一百日間の「荒行」を２回行い、秘伝を授与される。その秘伝と、前述の研究結果を駆使し、35年で約5000人の人々を幸せに導く。毎月２回の法話の会、毎月１回の子ども会も、35年間毎月開催。

日蓮宗においては、宗会議員として宗門を牽引。日蓮宗の責任役員(日蓮宗全体を統括)を歴任。大本山法華経寺責任役員。立正大学元理事。

地元の町おこしのため、参集者3000人規模のおまつり（御会式）を復活。観光マップにも掲載される。川口市PTA連合会元会長。川越少年刑務所教誨師会元理事。

より多くの方に幸せな人生を歩んでいただけるよう現在も様々な活動を続けている。

本覚山 実相寺　〒332-0004　埼玉県川口市領家２-14-11
TEL 048-222-4566

35年で5000人を幸せにしてきたお坊さんが伝える
仏さまに愛され、幸せに生きる35の習慣

2024年５月9日 初版発行　　2024年８月28日 第２刷発行

著　者　松永　慈弘　© Jikou Matsunaga

発行人　森　　忠順

発行所　株式会社 セルバ出版
〒113-0034
東京都文京区湯島１丁目12番６号 高関ビル５B
☎03（5812）1178　　FAX 03（5812）1188
https://seluba.co.jp/

発　売　株式会社 三省堂書店／創英社
〒101-0051
東京都千代田区神田神保町１丁目１番地
☎03（3291）2295　　FAX 03（3292）7687

印刷・製本　株式会社 丸井工文社

Printed in JAPAN
ISBN978-4-86367-888-0

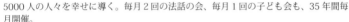